U0122699

心一堂術數古籍珍本叢刊

書名：《家傳三元古今名墓圖集附謝氏水鉗》《蔣氏三元名墓圖集》合刊（下）

系列：心一堂術數古籍珍本叢刊　堪輿類　蔣徒張仲馨三元真傳系列

第二輯　184

作者：【清】孫景堂、劉樂山、張稼夫輯註

主編、責任編輯：陳劍聰

心一堂術數古籍珍本叢刊編校小組：陳劍聰　素聞　梁松盛　鄒偉才　虛白盧主

出版：心一堂有限公司

地址／門市：香港九龍旺角西洋菜南街五號好望角大廈一○○三室

電話號碼：+852-6715-0840　+852-6633-7949

網址：sunyata.cc

publish.sunyata.cc

電郵：sunyatabook@gmail.com

網上書店：http://book.sunyata.cc

網上論壇：http://bbs.sunyata.cc/

版次：二零一七年三月初版

平裝：兩冊不分售

定價：港幣　　　一千三百八十元正
　　　新台幣　　五千三百八十元正

國際書號：ISBN 978-988-8317-49-3

版權所有　翻印必究

香港及海外發行：香港聯合書刊物流有限公司

地址：香港新界大埔汀麗路三十六號中華商務印刷大廈三樓

電話號碼：+852-2150-2100

傳真號碼：+852-2407-3062

電郵：info@suplogistics.com.hk

台灣發行：秀威資訊科技股份有限公司

地址：台灣台北市內湖區瑞光路七十六巷六十五號一樓

電話號碼：+886-2-2796-3638

傳真號碼：+886-2-2796-1377

網絡書店：www.bodbooks.com.tw

台灣讀者服務中心：國家書店

地址：台灣台北市中山區松江路二○九號一樓

電話號碼：+886-2-2518-0207

傳真號碼：+886-2-2518-0778

網絡書店：http://www.govbooks.com.tw/

中國大陸發行・零售：心一堂書店

深圳地址：中國深圳羅湖立新路六號東門博雅負一層零零八號

電話號碼：+86-755-8222-4934

北京地址：中國北京東城區雍和宮大街四十號

心一店淘寶網：http://sunyatacc.taobao.com

謝氏水鉗原序

余素愛浙中山水自天目探源後遍踏諸峯枝之結

作麗雄未盡地靈力量渡江觀武林苕溪山巒秀麗

堂無注蓄勢隨水走復秉幹水泛舟於震澤湖泖澈

浦間縱意盤桓久之始知平洋龍氣清純片之段；

沒骨崩洪融凝奇態互為朝護案覺快心惜乎吳下

之風昧於斯理絕少知音故嘿識一二以符先哲所

論大水注處穴有萬千誠不謬也余亦深入寶山不

為空歸矣

謝氏平洋圖每圖皆有題辭余以其不合正義知非

謝氏原本故槩置不錄後之學者弗致疑於缺畧也

後覺子樂山筆記

藜照堂傳

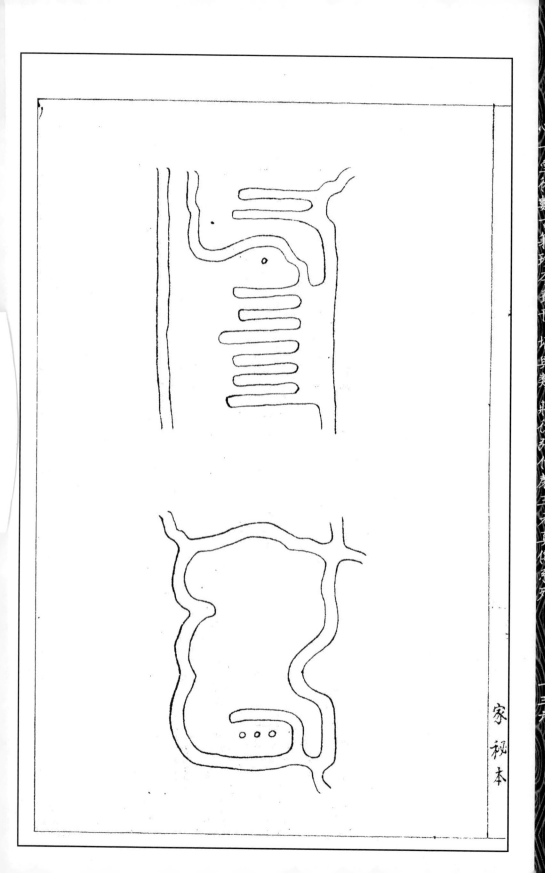

家秘本

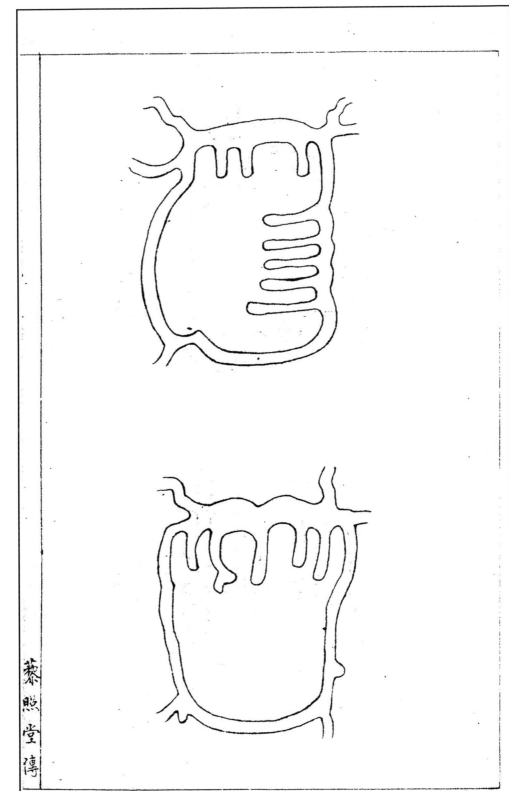

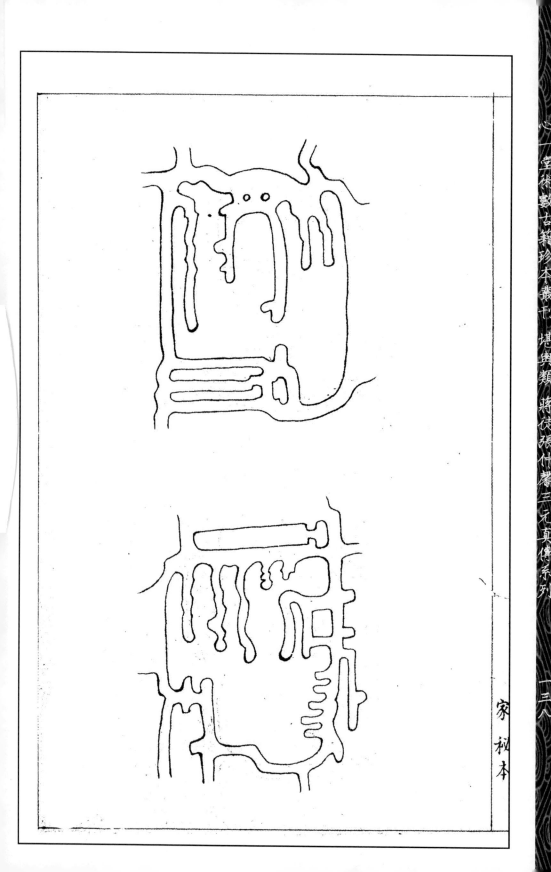

家秘本

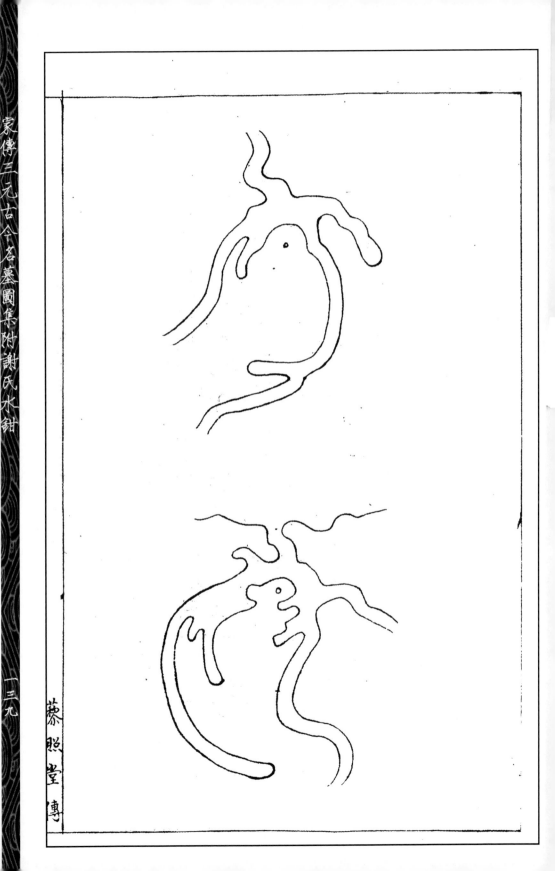

蔡照堂傳

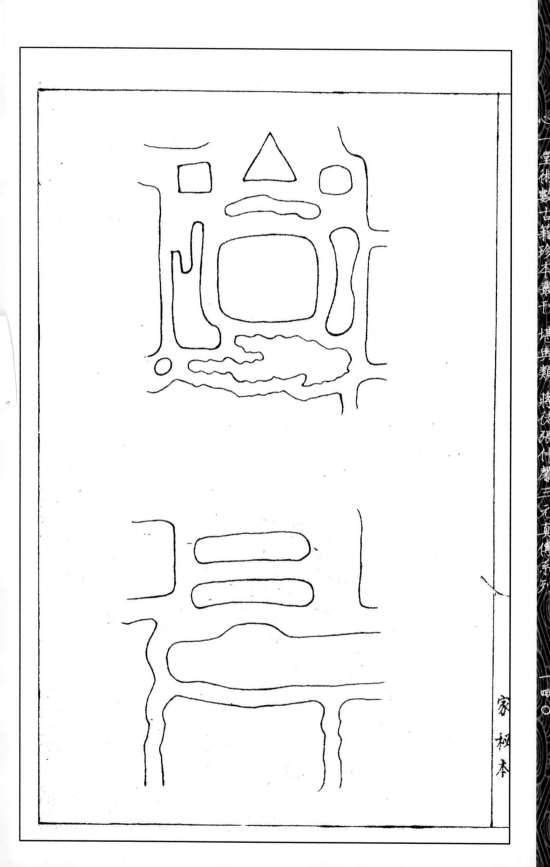

黎照堂傳

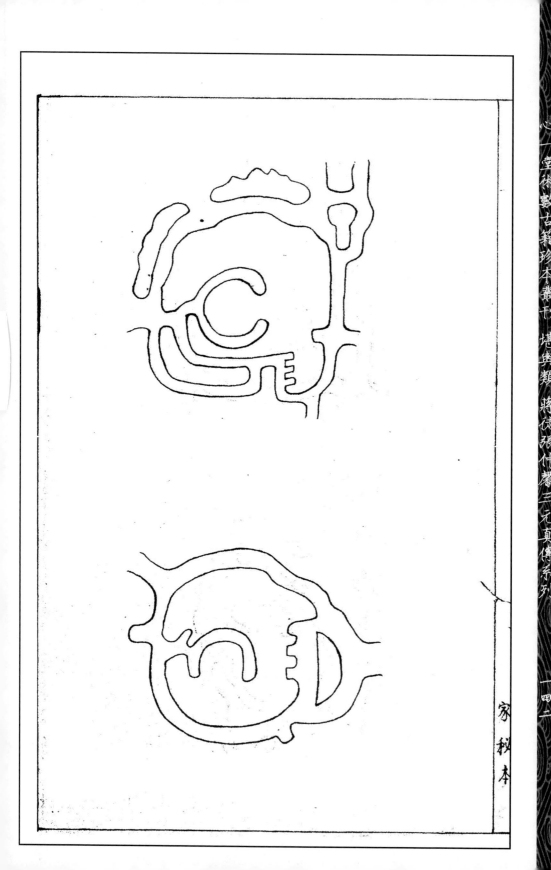

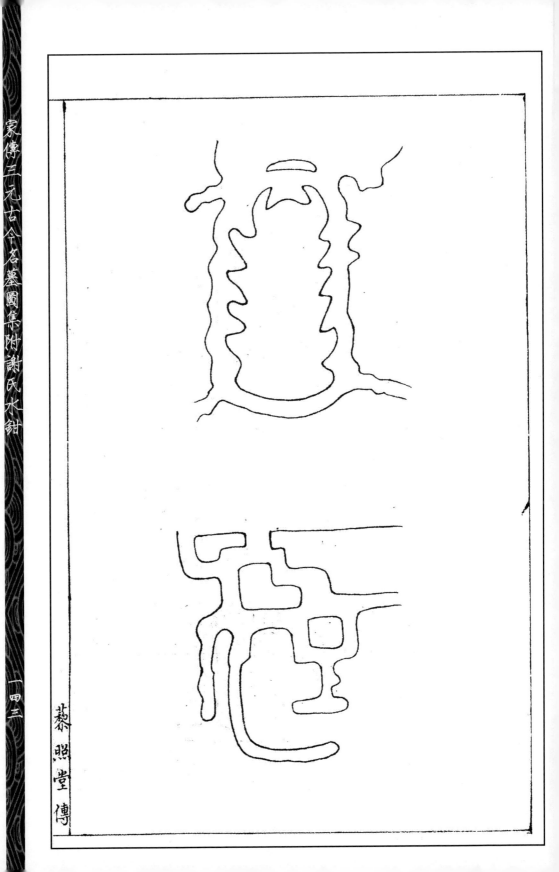

藜照堂傳

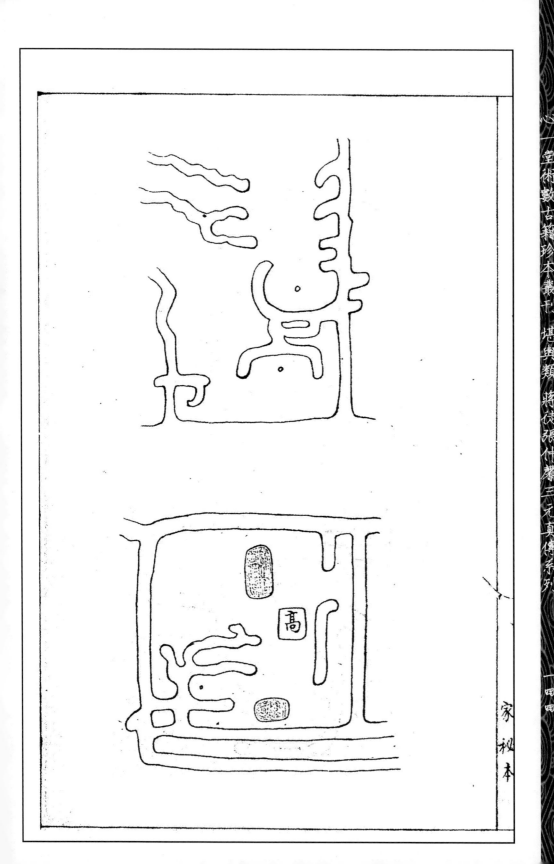

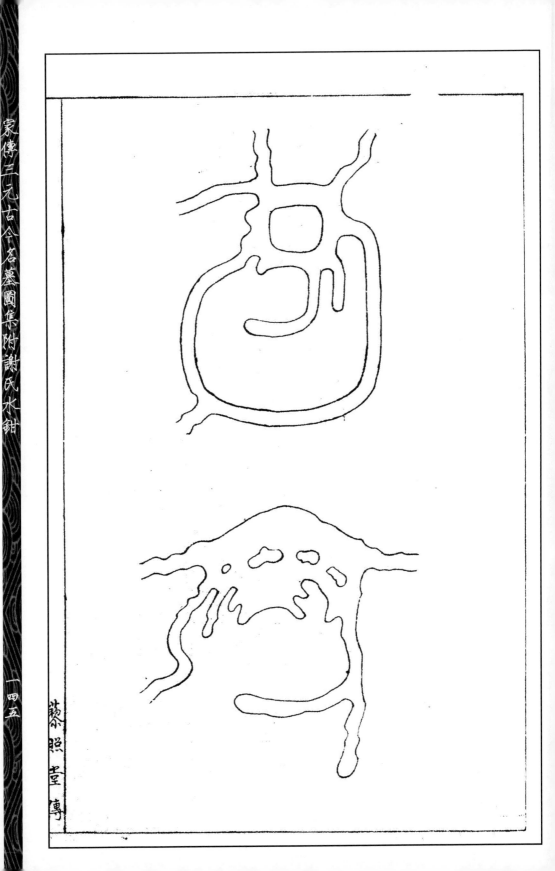

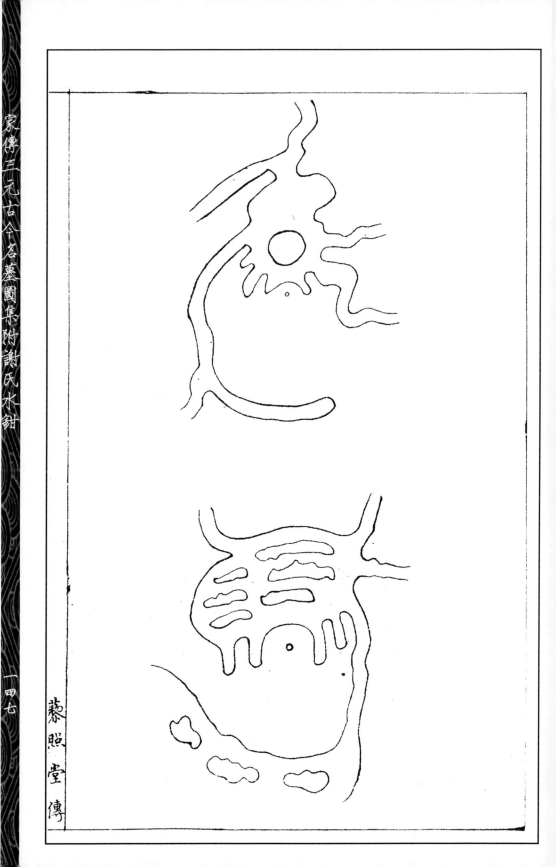

藜照堂傳

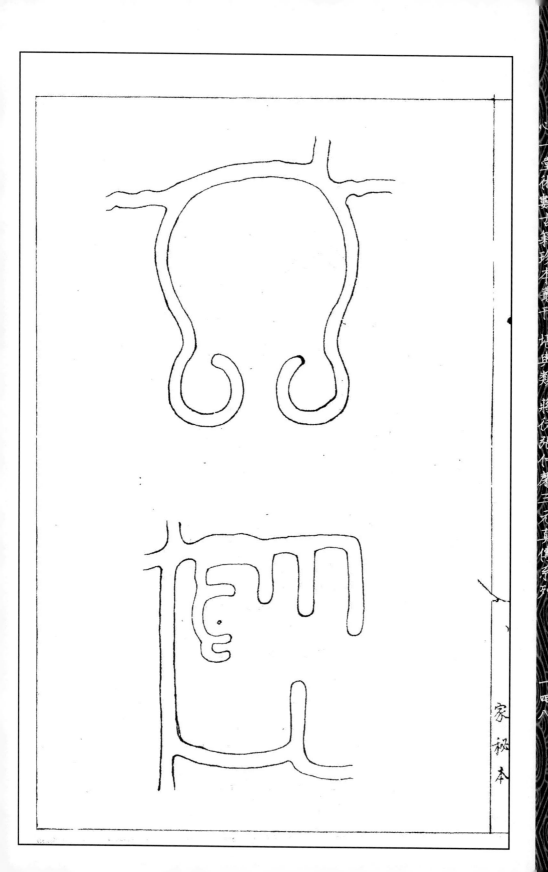

家秘本

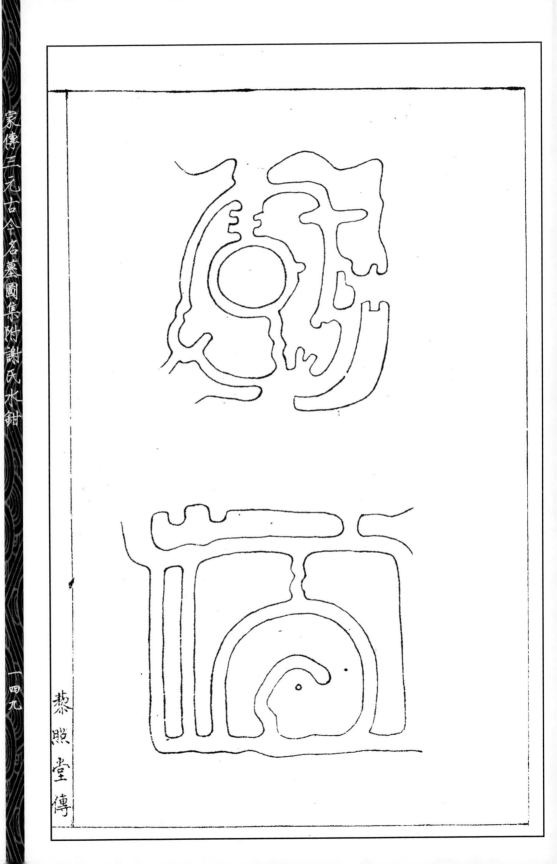

黎照堂傳

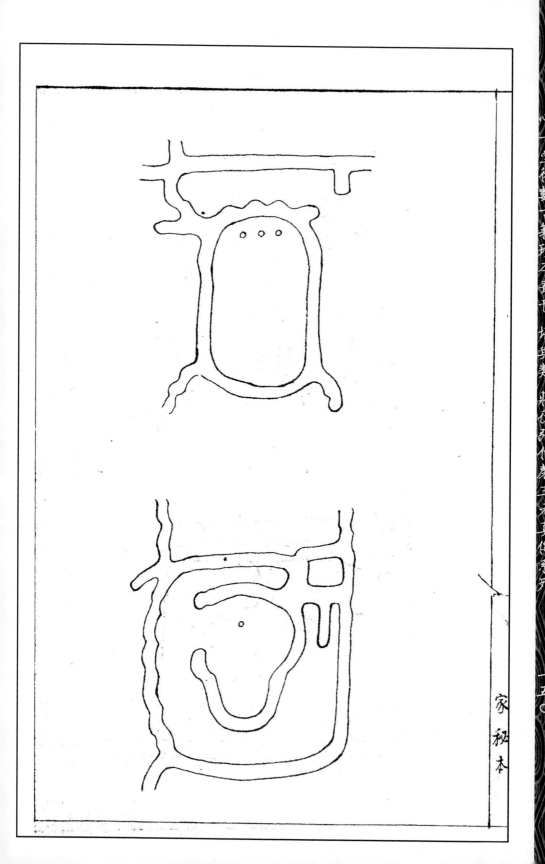

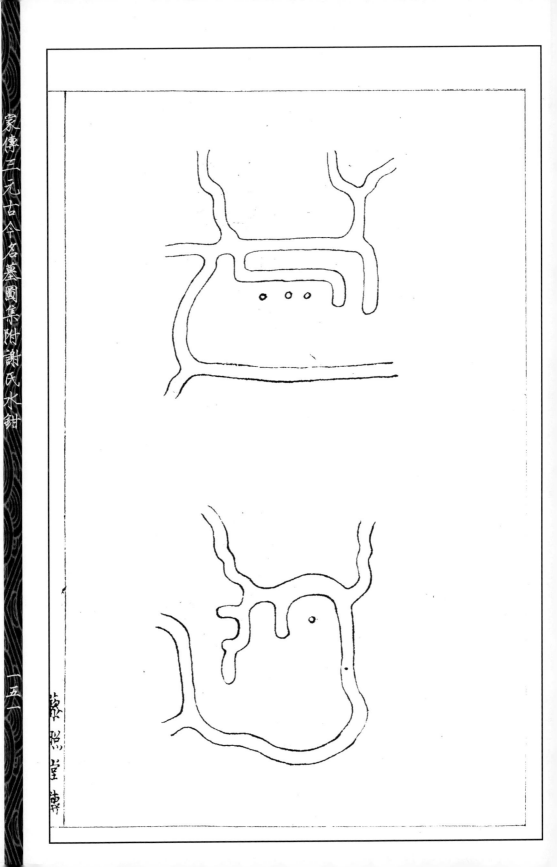

蔡煕堂藏

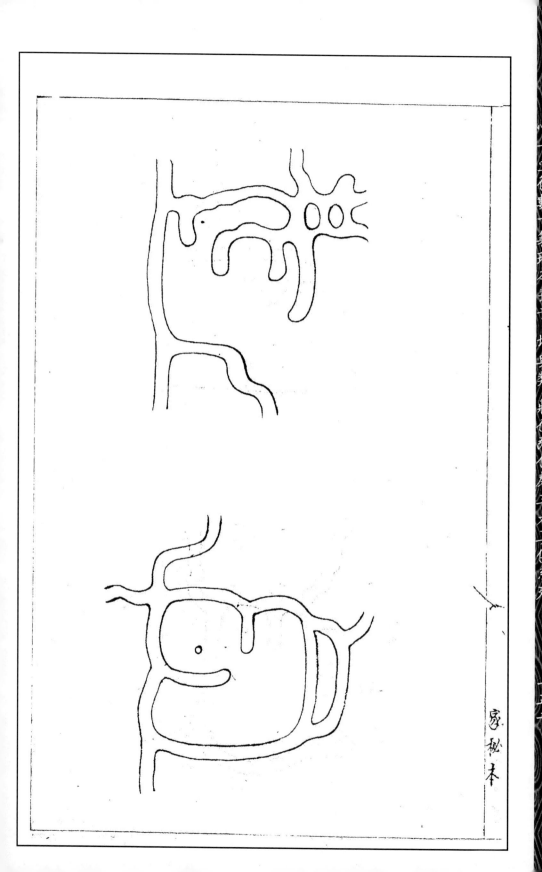

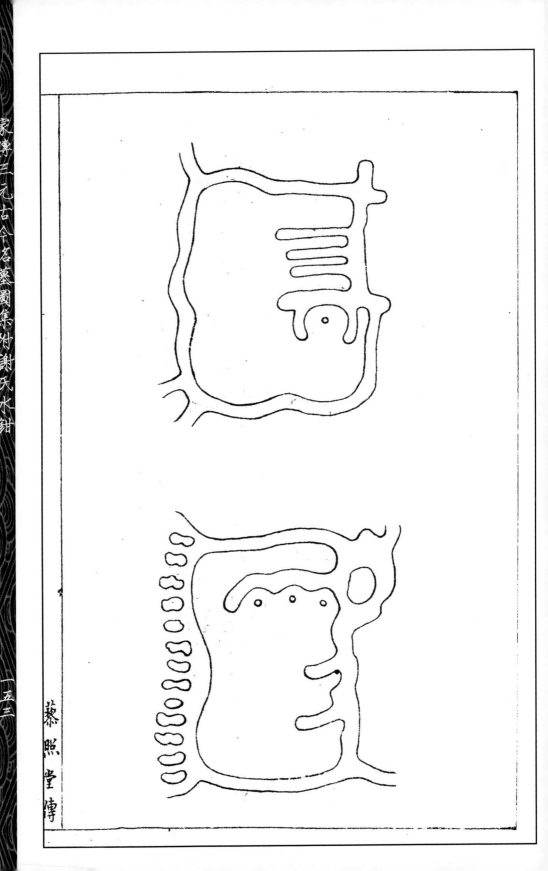

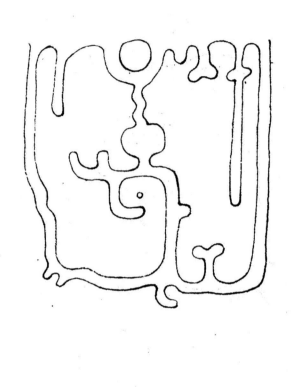

蔡照堂傳

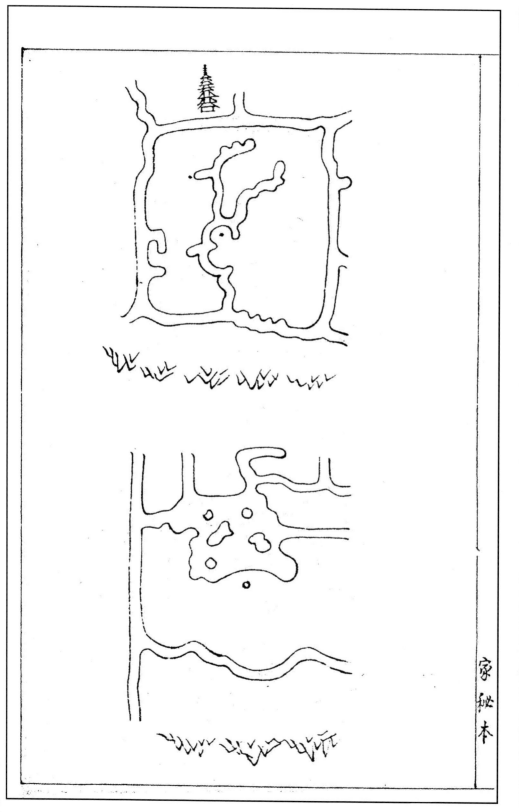

家秘本

蔡照堂傳

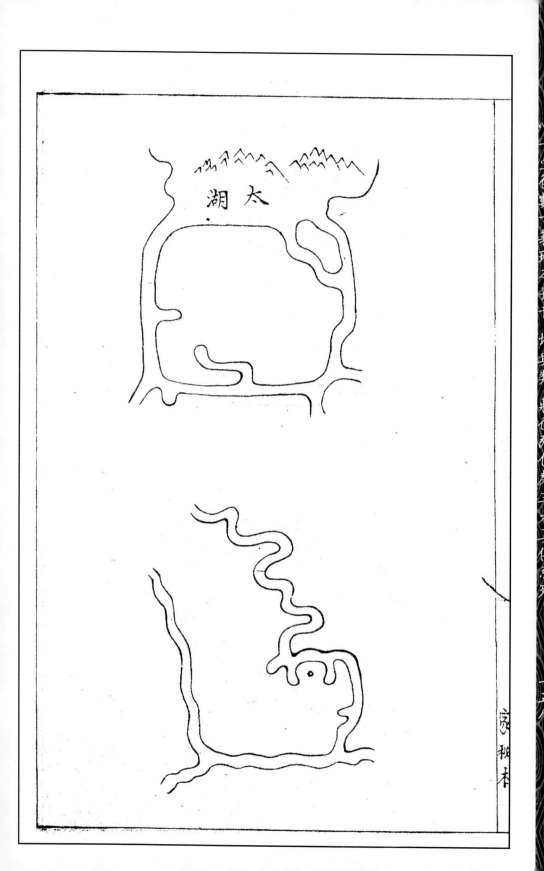

太湖

家秋本

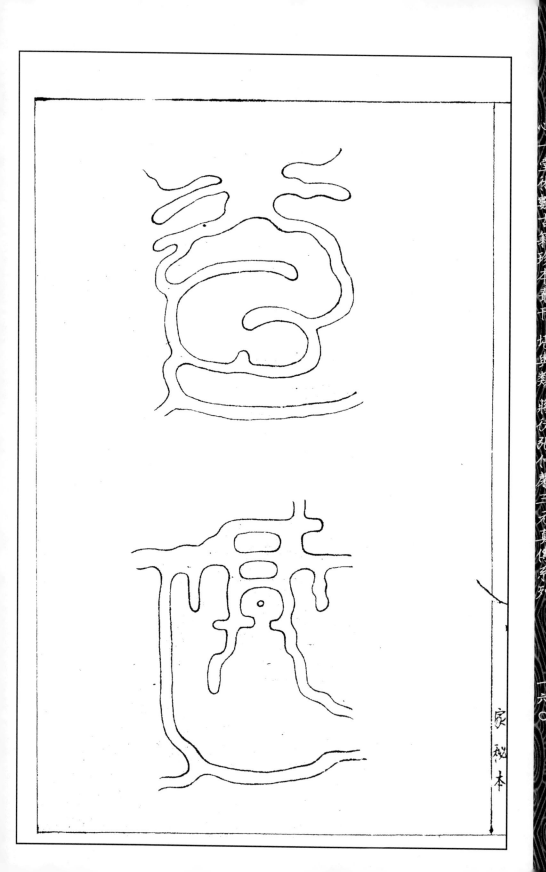

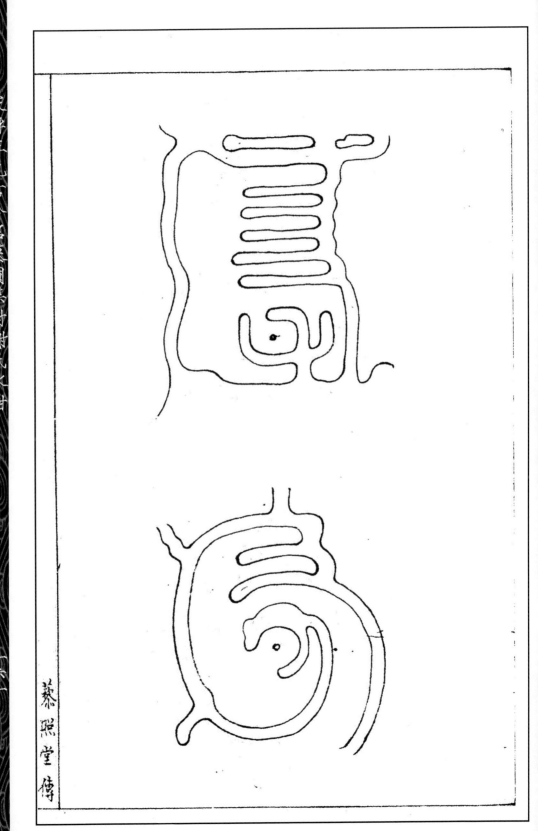

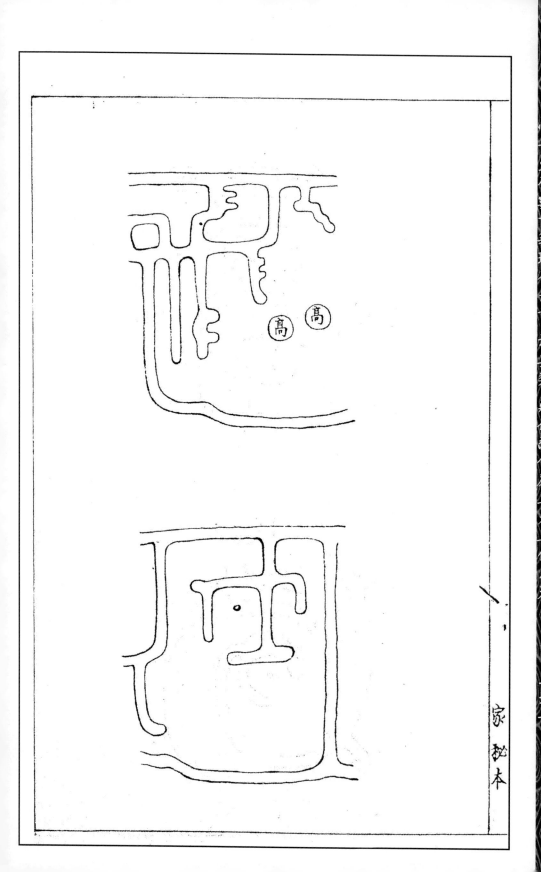

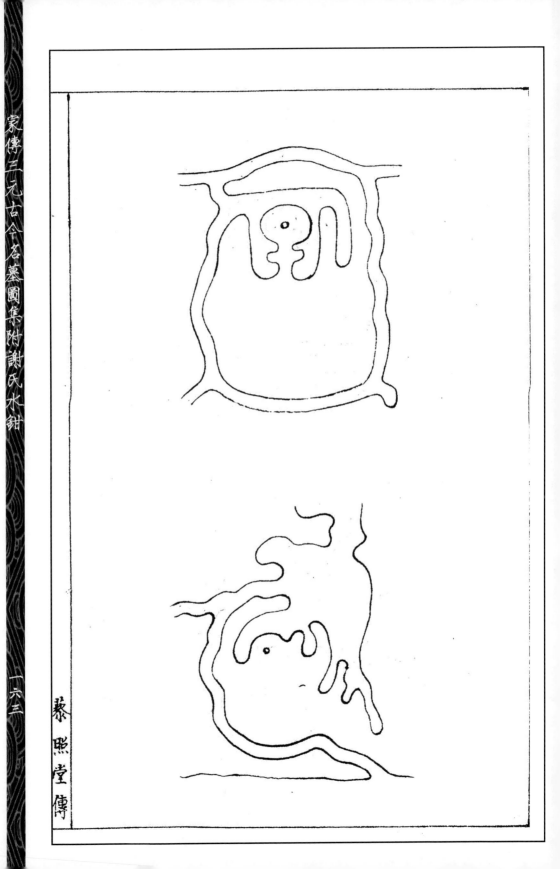

黎照堂傳

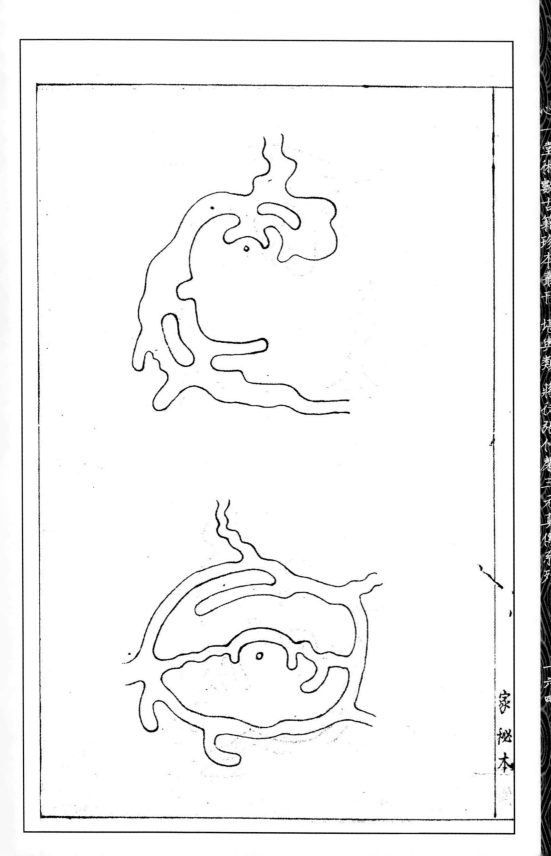

家秘本

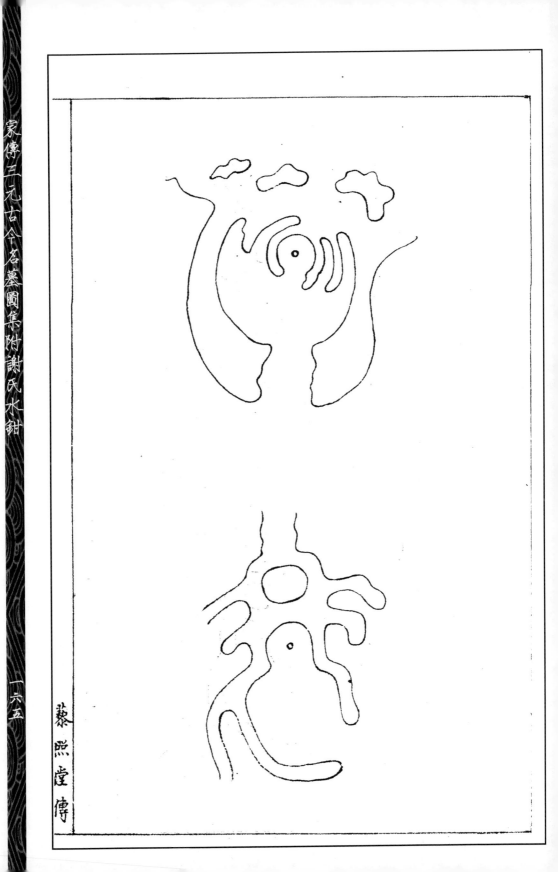

黎照堂傳

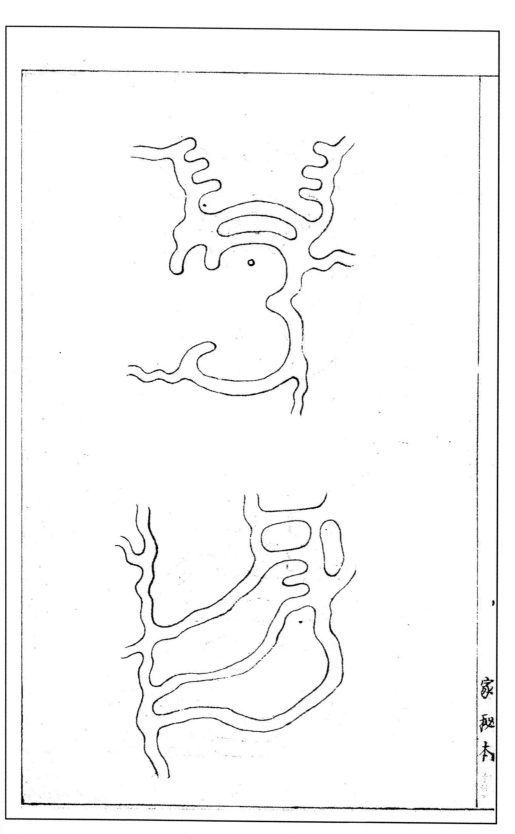

家秘本

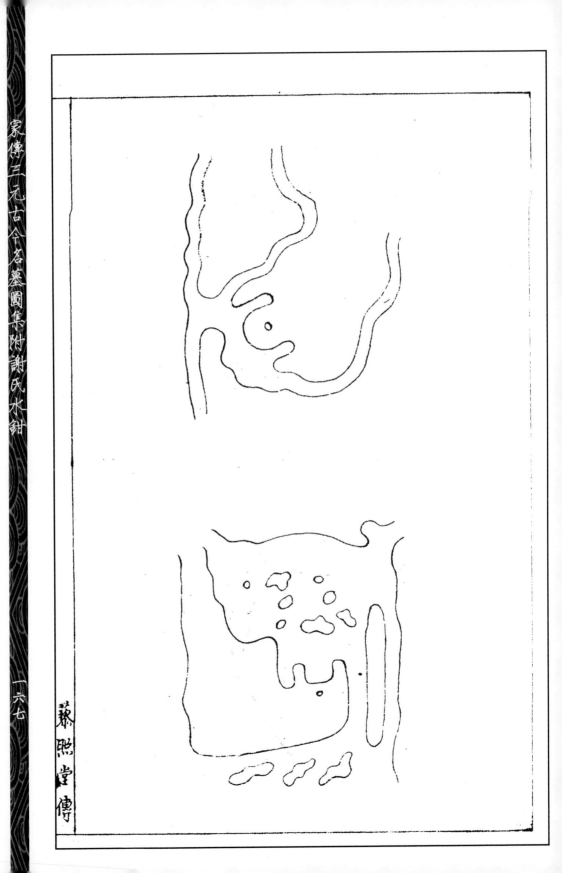

蔡熙堂傳

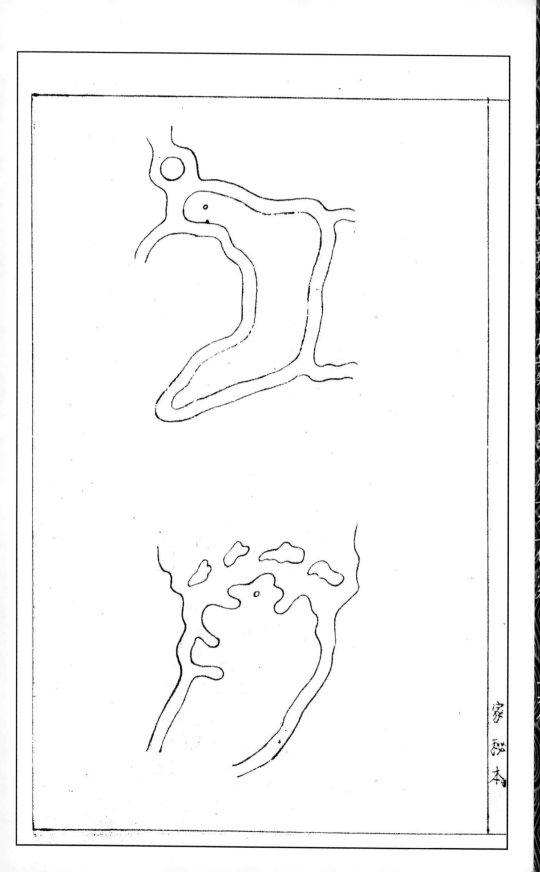

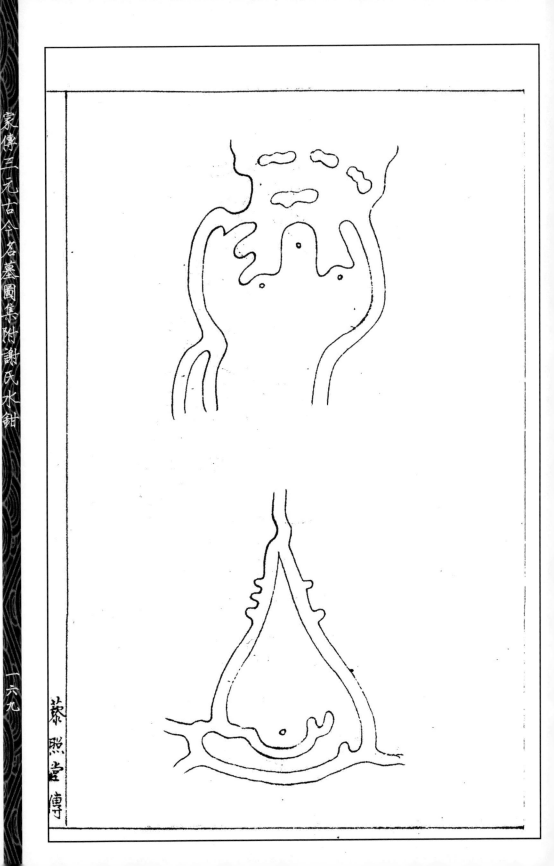

蔡照堂傳

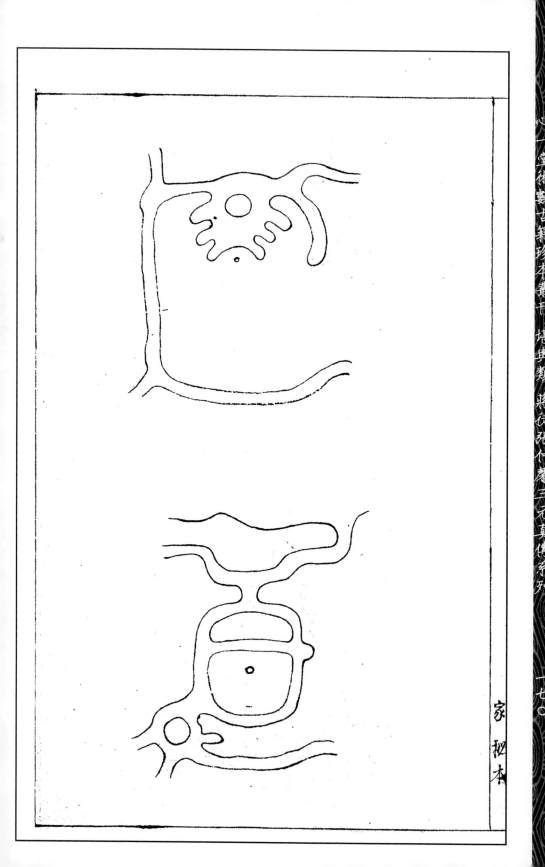

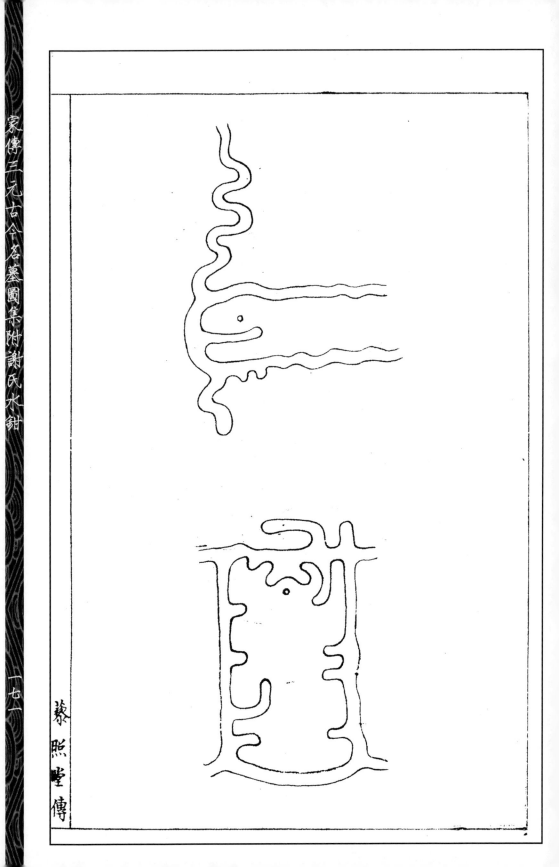

蔡照璧傳

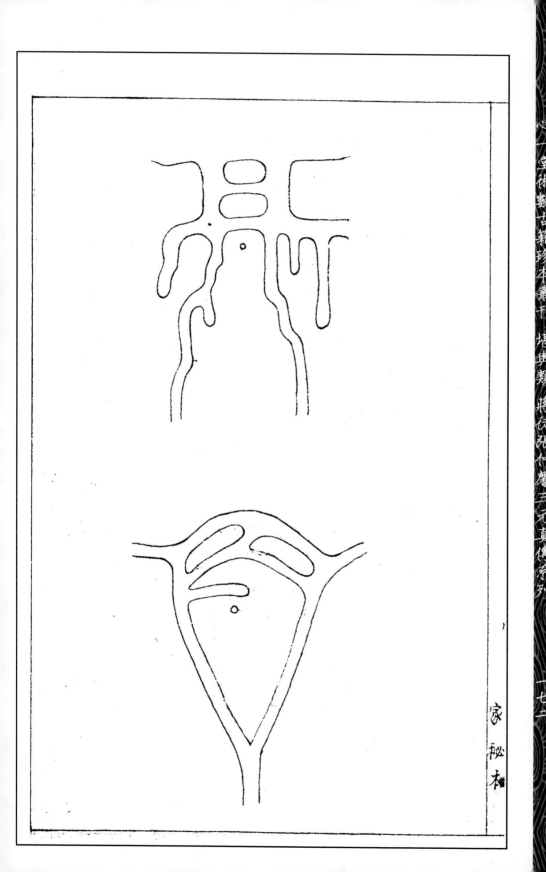

黎照堂傳

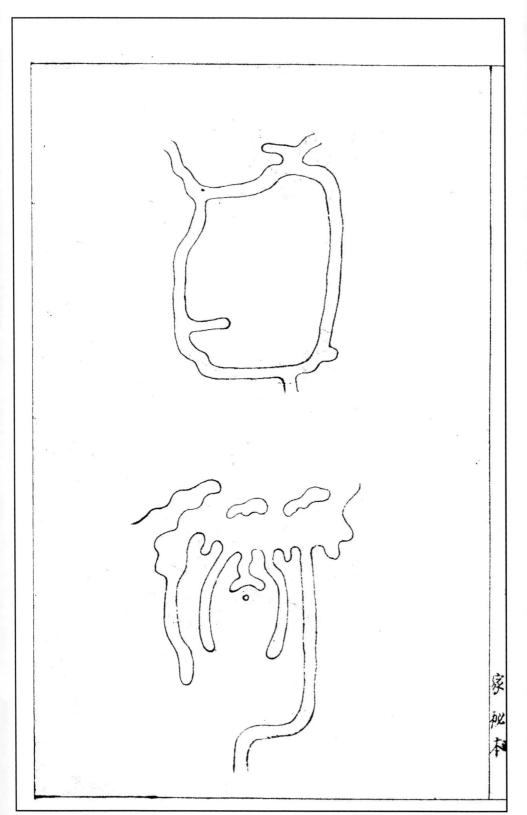

家祕本

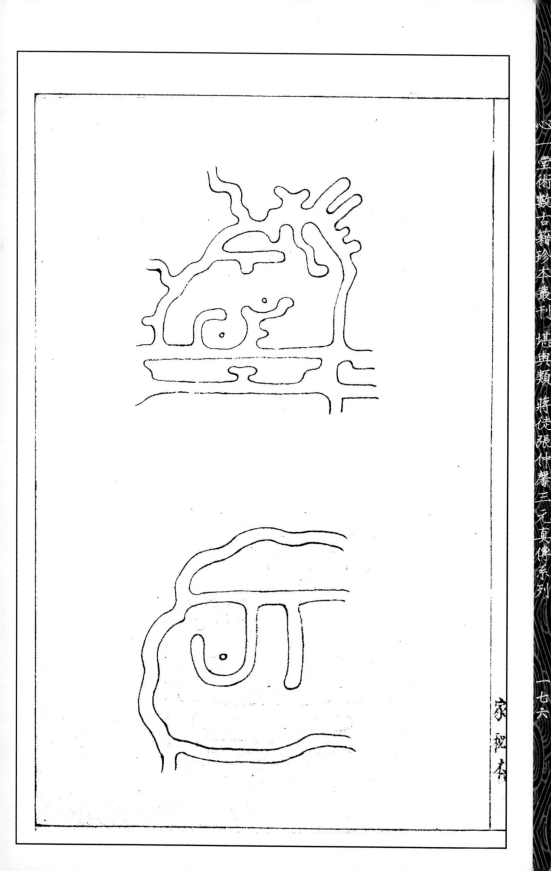

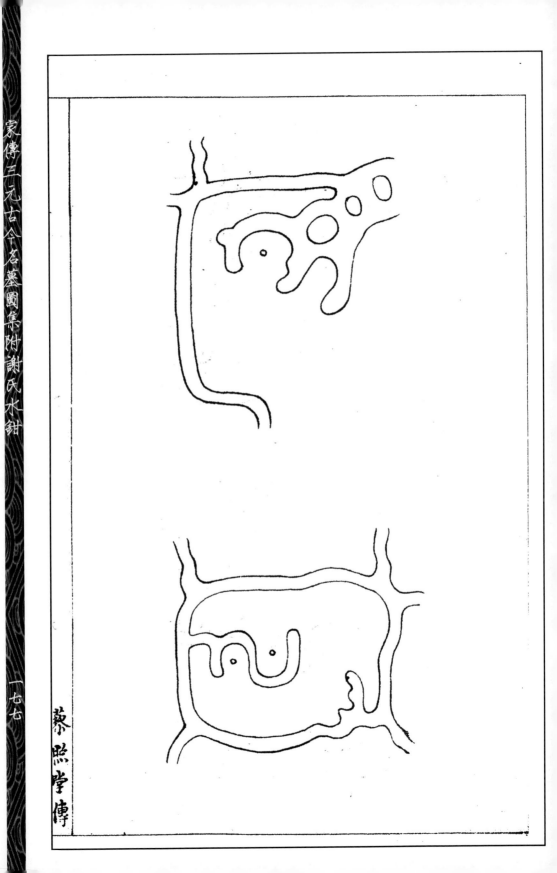

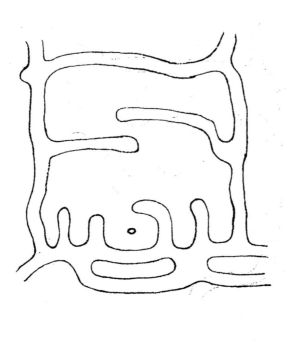

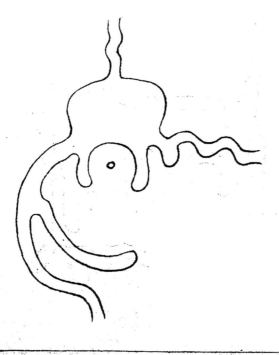

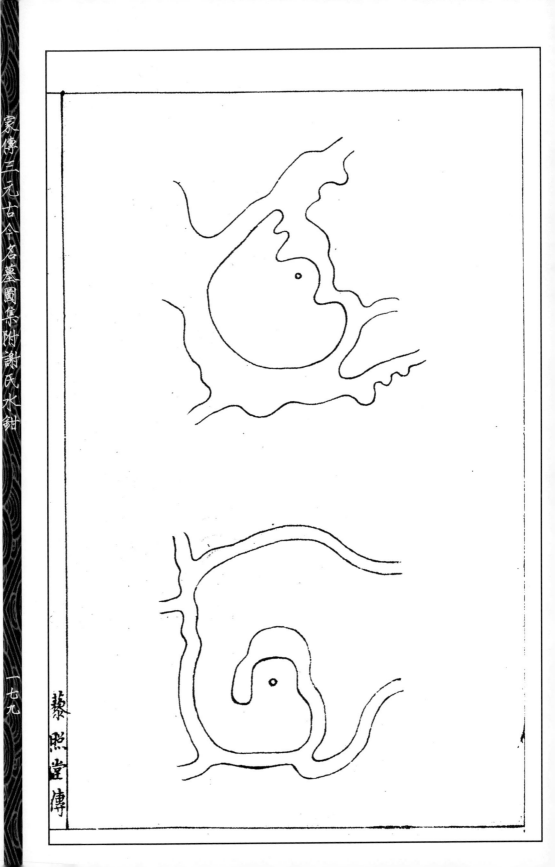

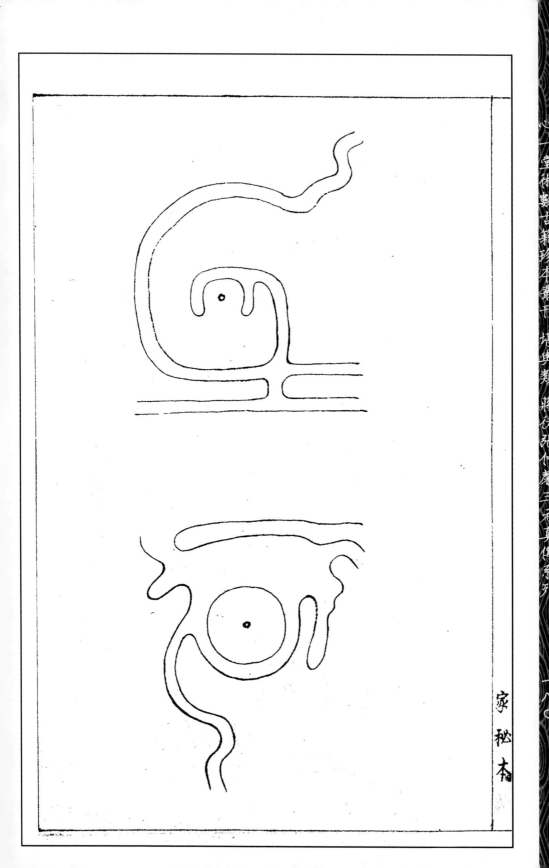

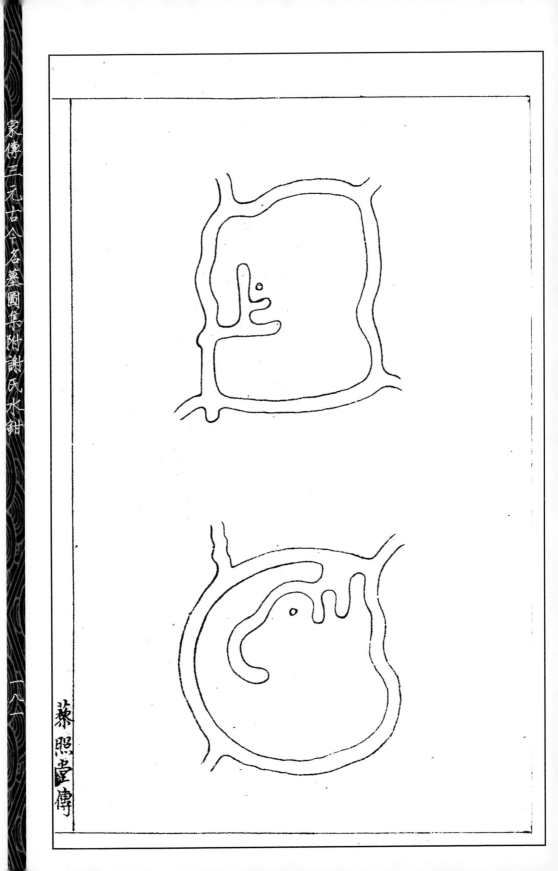

蔡照堂傳

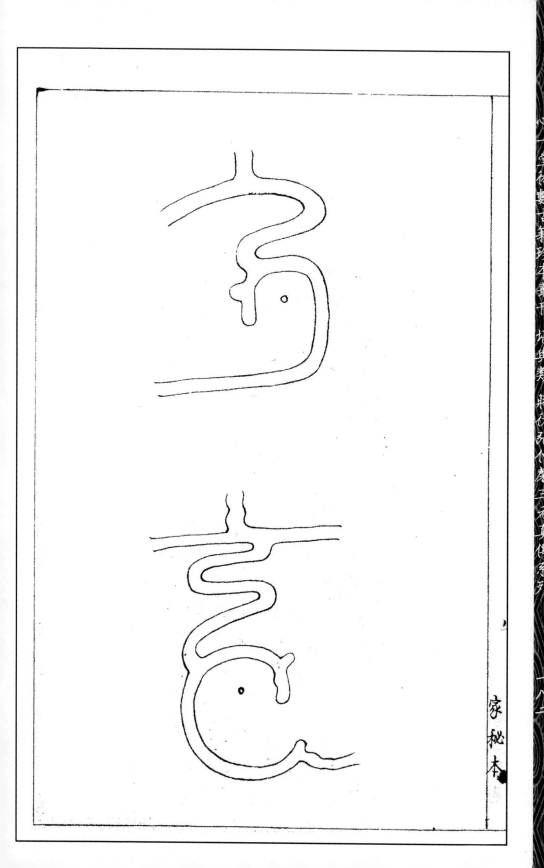

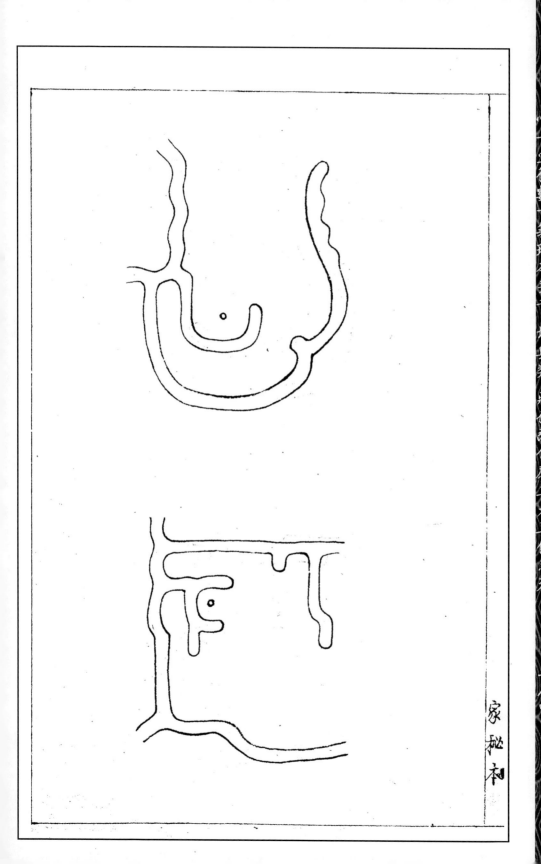

蔡照堂傳

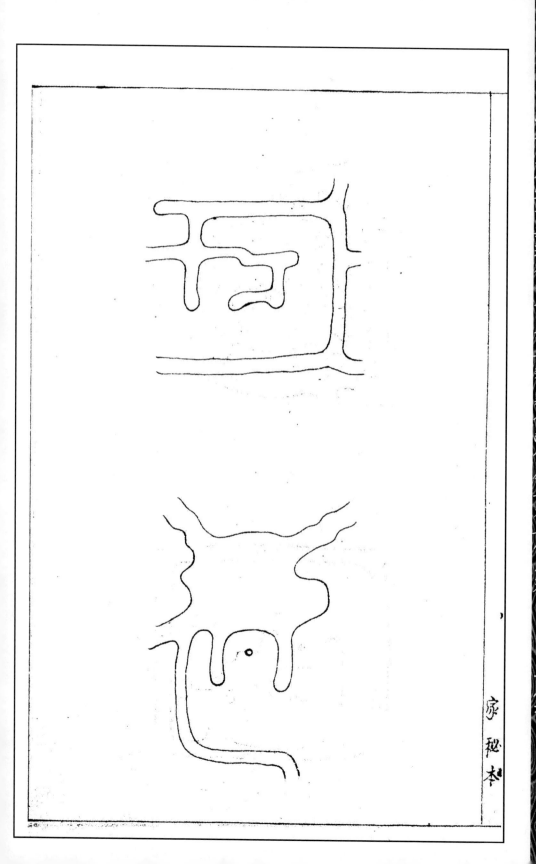

家秘本

蔡熙堂傳

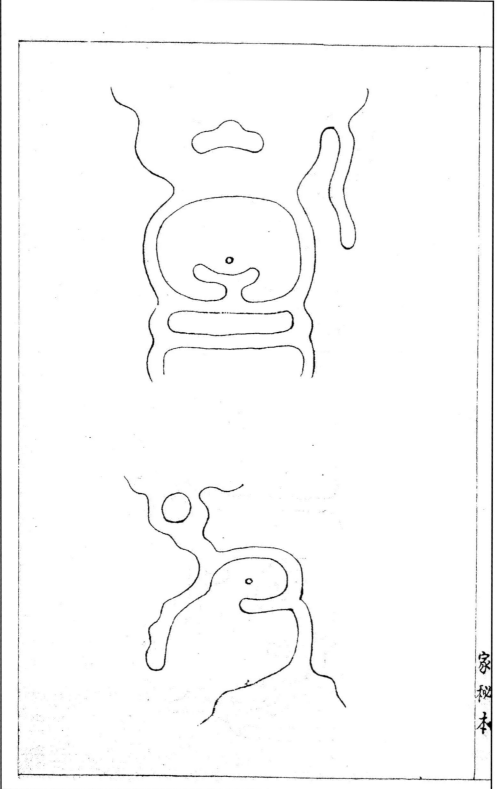

蔡熙堂傳

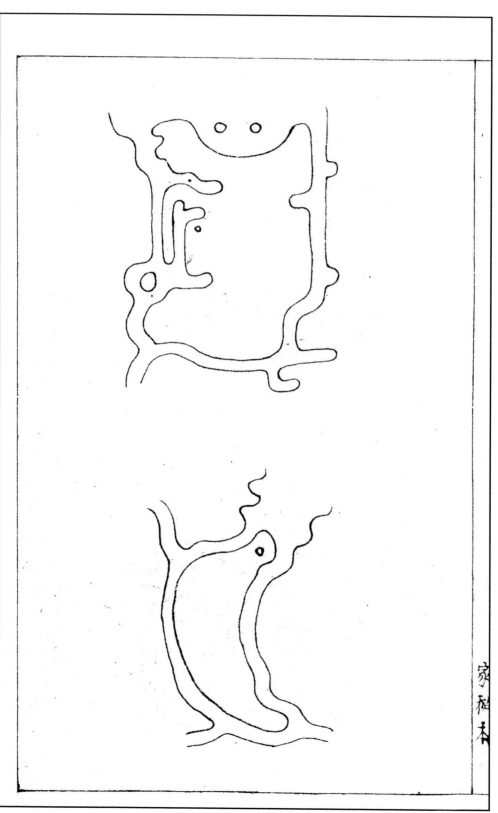

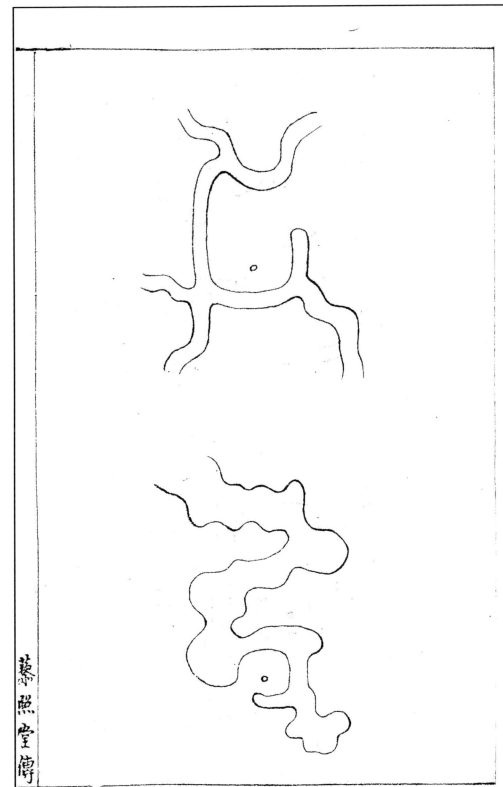

藝熙堂傳

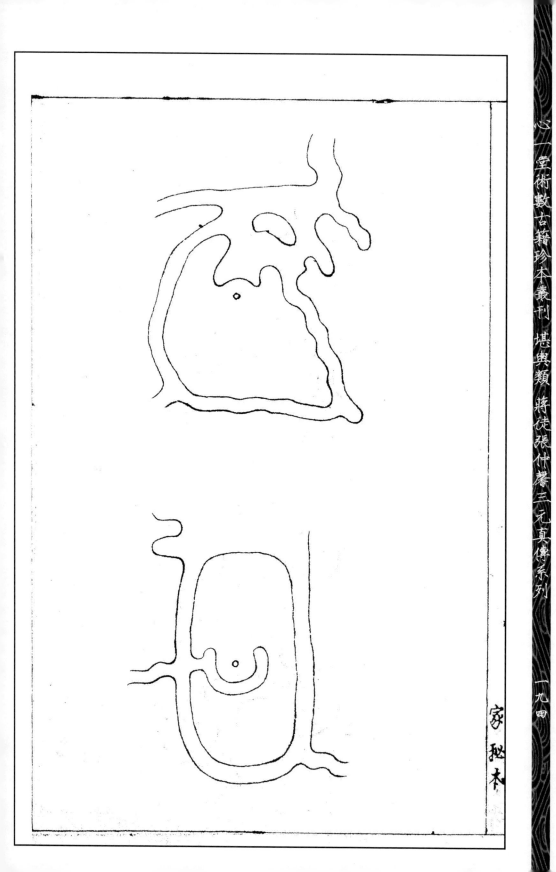

蔡照堂傳

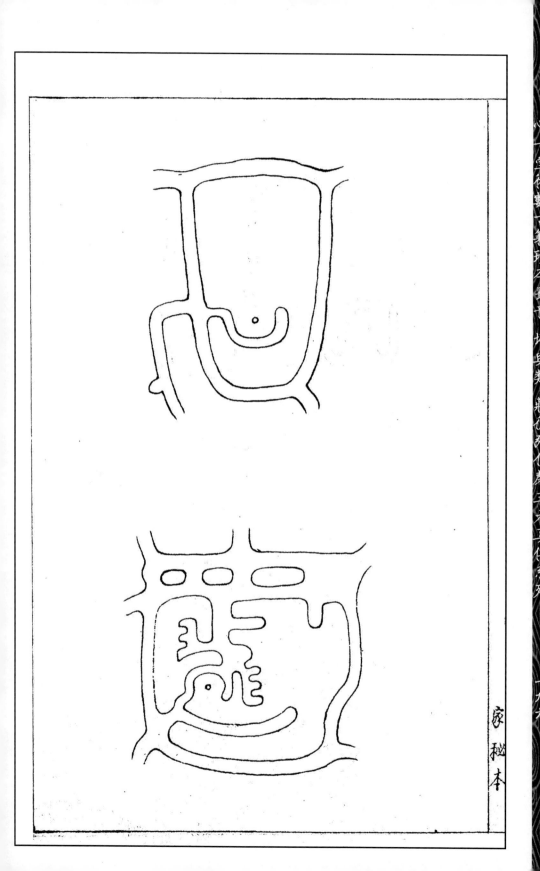

黎照堂傳

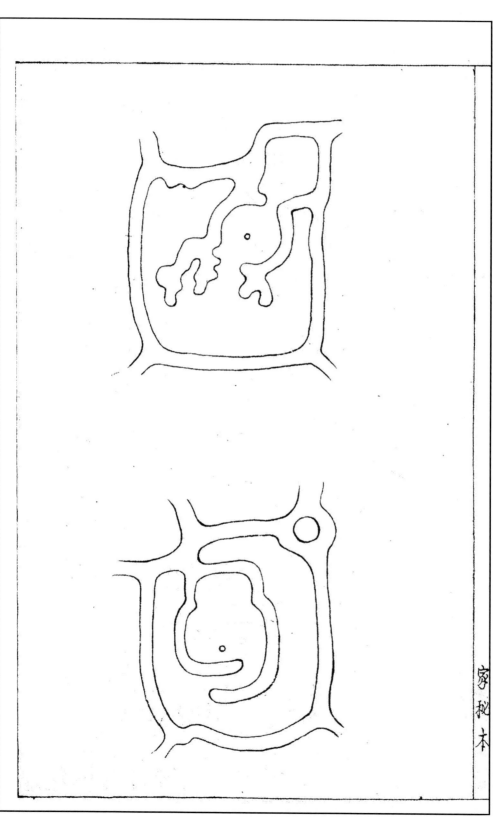

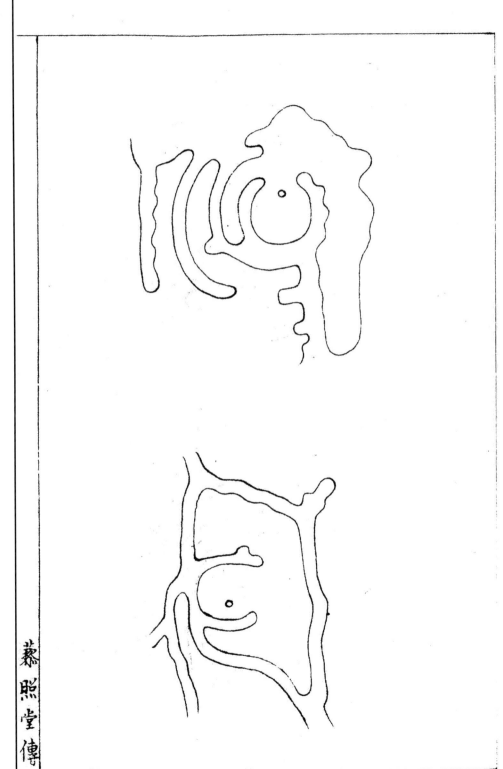

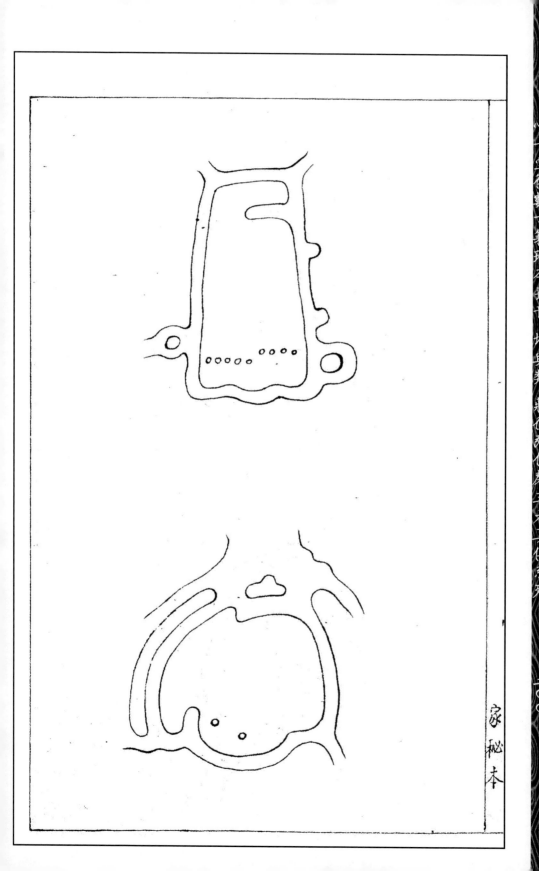

家秘本

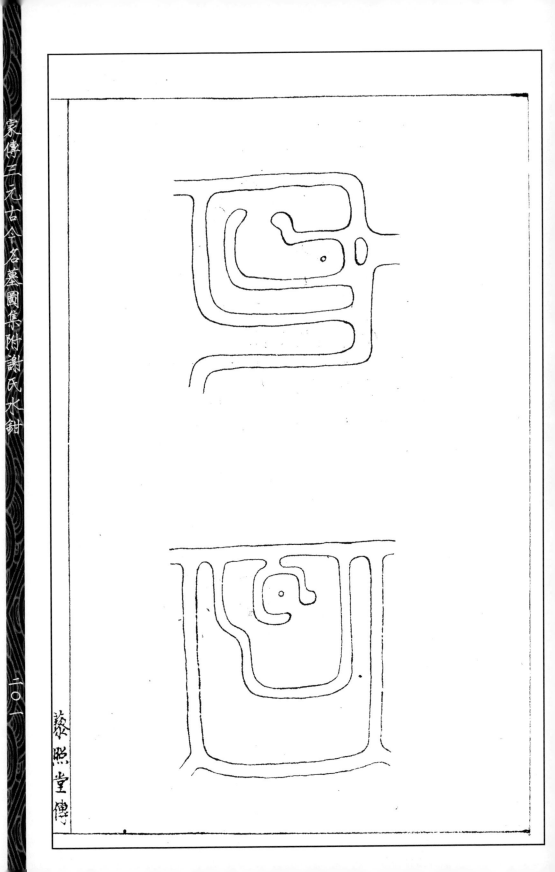

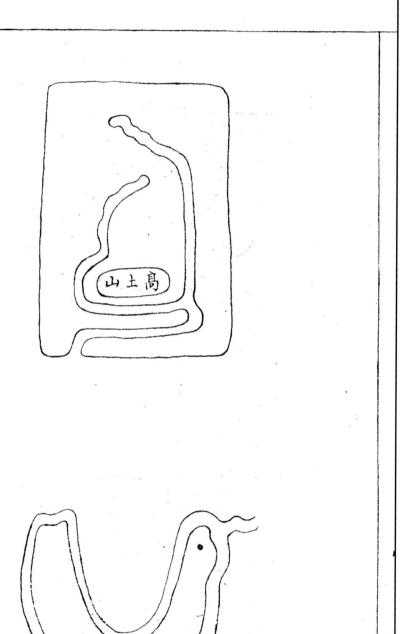

高土山

家傳三元古今名墓圖集附謝氏水鉗

古今名墓圖小引

地理之覆驗舊蹟益以古證今以心印心之實學也覆一地焉

必細察古人之作法或者其高出於我乎或者其猶未盡善乎

當就其所作而斷其應發於何時諸如歷世之長短官職之崇

卑皆為之論定然後考其應驗與我之論斷相符否如其皆合

也則吾學可以自信少有不合即我學有未到也夫舊蹟之應

驗無差而俗術之品題多妄不得真諦則捫燭揣籥而百無一

得苟得真諦則如鏡照物而纖毫不爽弟天壤之大名墓之多

必欲遍歷而目接之是豈人力所能及故取古今名墓之散見

藝照堂傳

於羣書及諸同人目之所及而手繪焉者予悉收羅之彙為一

編卜氏有云看格尤勝看書斯言也得毋謂格實而書虛耶今

予斯編一展卷而不啻身歷其境是一舉而書格兩得之矣寧

不遠勝於跋涉山川也哉其中所發之年世間有一二可考稽

者并詳誌之以竊附於蔣公水龍經之後丁卯孟秋月後覺子

樂山氏筆記

古今名墓圖

三碧卻乾得巽助旺也襄得坎生親也
為之神藏煞沒主三元不敗
寅方生二支可兼一六三支二穴四支
三六五支四六

定海薛氏三尚書祖墓幕講師扦

巽丙離一

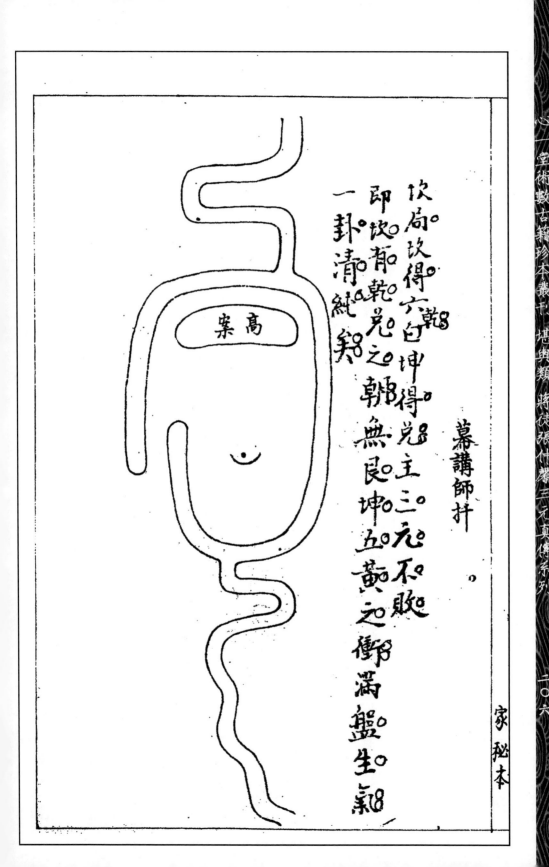

坎局。坎得穴白乾。坤得兌主三。元不敗。

即坎前乾兌之。朝無艮坤。五巽之。衝滿盤生氣。

一卦清純。乾

幕講師拌

高案

李尚書祖地子山午向先發長房後發小房富貴多壽幕講師扦

高 高 高

低

低 低 低

藜照堂傳

高

低

王太守祖地幕講師扦

東北六艮局離到乾艮到坤之到五黃生旺滿盤矣

家秘本

餘姚下壩周氏祖地明初發者甚多萬厯末年時師於穴後堆三高墩而止幕講師扞

高阜

高案

低

此地出二尚書科甲最盛幕講師扦

高案

低　　低　　低

低

家抄本

此地幕講師扦富貴而壽三百年不替

湖蕩

高砂

砂

案砂

微高

低

低

一派低空

藜照堂傳

壽掌

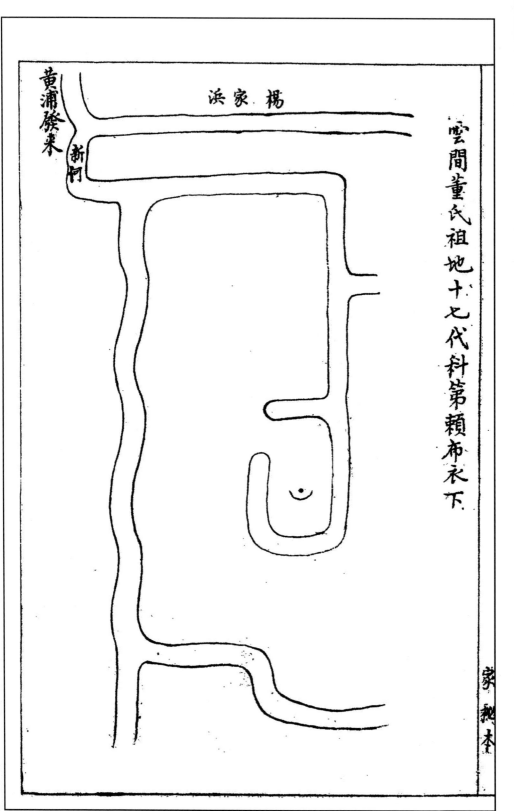

雲間董氏祖地十七代科第賴布衣下

雲間張狀元祖地賴布衣扦
趨吉避凶奇巧極矣
克之
不苟友
如此

乾局得乾方兌水助旺兌方艮水
次方坤水生氣巽方元辰
水得五黃生氣神乎奇技矣

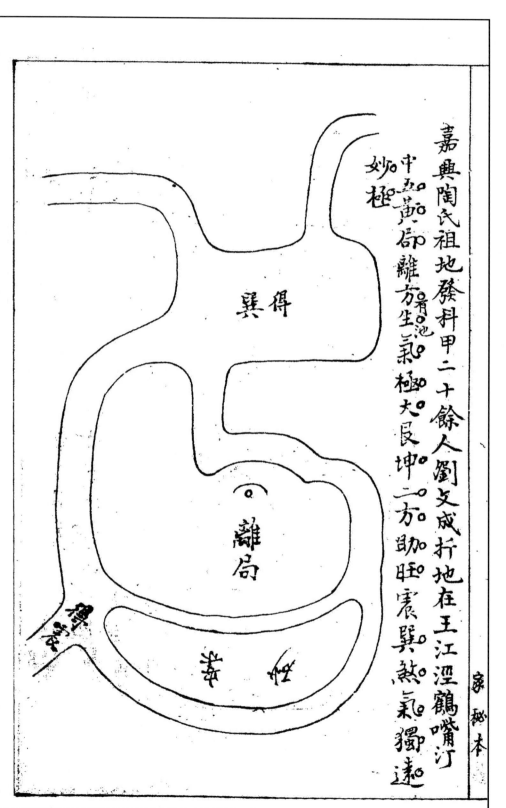

嘉興陶氏祖地發科甲二十餘人劉文成扦地在王江涇鶴嘴汀妙極。中如巽卽離方生氣骨池極大艮坤二方助旺震巽熱氣獨遲

嘉興陶御史祖地 地在王江涇此圖與前圖迥異而同載王江涇又同為陶氏之

墓豈一方有此兩地而為一家所得耶抑係一地而繪圖者兩矣其真耶予甚疑焉

此去王江涇不遠必須親往看之

此八神齊到穴之大地也若其地果如所圖當顯赫於無窮豈僅出五進士而已耶

蔡照堂傳

此主大富

此出五進士

午

福建林氏祖墓三百餘年科甲鼎盛世傳無林不開榜是也劉文成

扦 坎局坤坎二龍得乾光親切不浮佳壤也坎圭乾水二支坎氣眞美

高

案

高
生
氣
印

低

低

低

娄東王文肅公祖墓

藝照堂傳

太倉王太師祖塋

錫爵甲午生嘉靖戊午科壬戌
上元
會元歷官太保吏部尚書

建極殿大學士

昂爵丙申生戊辰進士河南
上元

提學副使

衡萬麻戊子解元辛丑第二
中元

名翰林院編修

時敏太常寺正卿生十一子貴

顯者多

家秘本

太倉王鳳洲祖塋　地在楊林河陽包念六涇之左

蔡照堂傳

定海西門外陳氏祖地

家秘本

崑山顧氏祖塋

曾祖大本号樂耕　祖良　父恂号桂軒俱贈榮祿大夫今子太保禮部尚書武英殿大學士

始祖墳四面皆
水惟中元大旺〇
坐後與西北二
穴又為上元之
局兩元昌盛非
同泛常其金箱
玉印之形祥雲
捧月之狀此世
人不知水龍之
秘而傳會焉也
孫景堂評

文廟殿閣

上將軍廟

午向

始祖墓

紫照堂傳

良有以也
乎冠群英而登弟甲
豈非至富至貴之地
清異子午坐向端純
環抱豐隆前後照神
孫景堂云龍神曲折
当比山顧文康公祖塋

中五黃坎離艮坐旺

進士者十人

昂臣号未齋成化癸巳生弘治辛酉㪔人乙丑狀元歷官禮部尚書庚子卒子孫登

下元　下元　下元　上元

蕩口華學士祖墓科甲五十餘人三百年顯赫不替

內乾局　外中黃局
亦坎局　妙在選
生旺合立穴點清
勉強之地

蕩

低

高

低

蕩

低

蕉雨堂傳

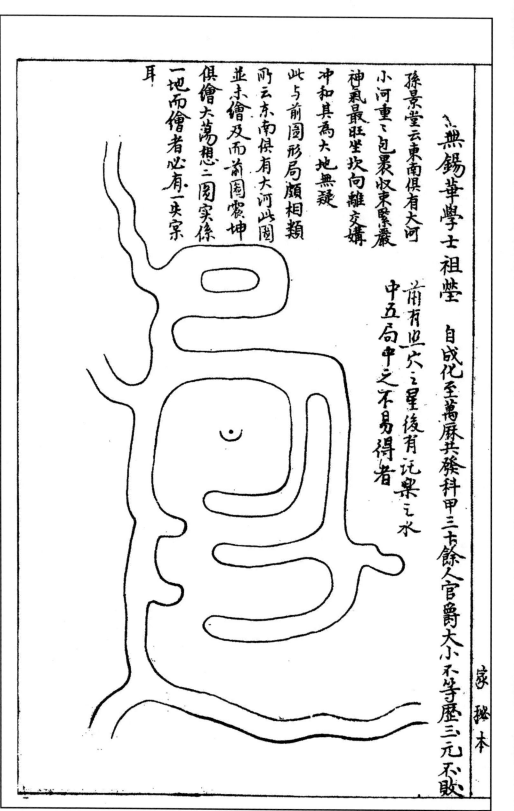

無錫華學士祖塋　自成化至萬歴共發科甲三十餘人官爵大小不等歴三元不敗

孫景堂云東南俱有大河

小河重〻包裹收束緊嚴

神氣最旺坐坎向離交媾

冲和其為大地無疑

此与前圖形局顏相類

所云東南俱有大河此圖

並未繪及而前圖環坤

俱繪大蕩想二圖实係

一地而繪者必有一失宗

耳

前有〇穴之星後有况衆之水

中五局中之不易得者

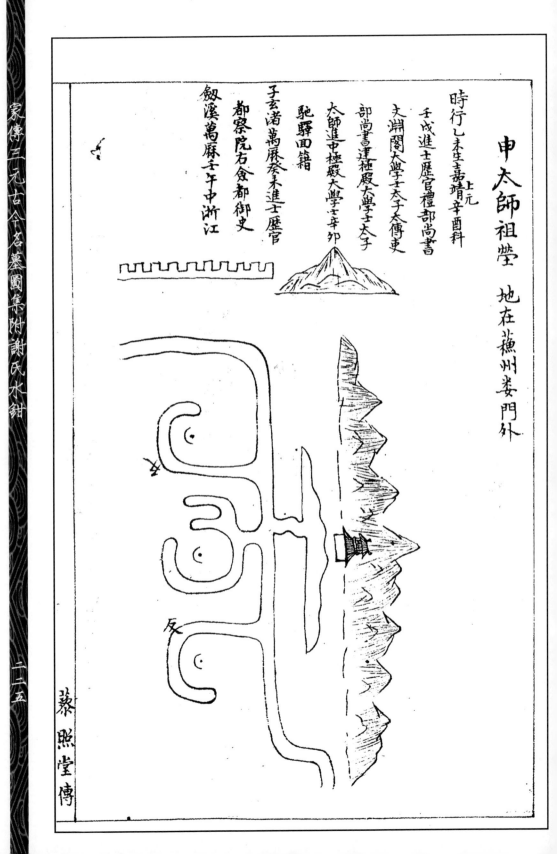

申太師祖塋　地在蘇州婁門外

時行乙未生嘉靖辛酉科
上元
壬戌進士歷官禮部尚書
文淵閣大學士太子太傅吏
部尚書建極殿大學士太子
太師進中極殿大學士辛卯
馳驛囘籍
子玄渚萬厯癸未進士歷官
都察院右僉都御史
劍溪萬厯壬午中浙江

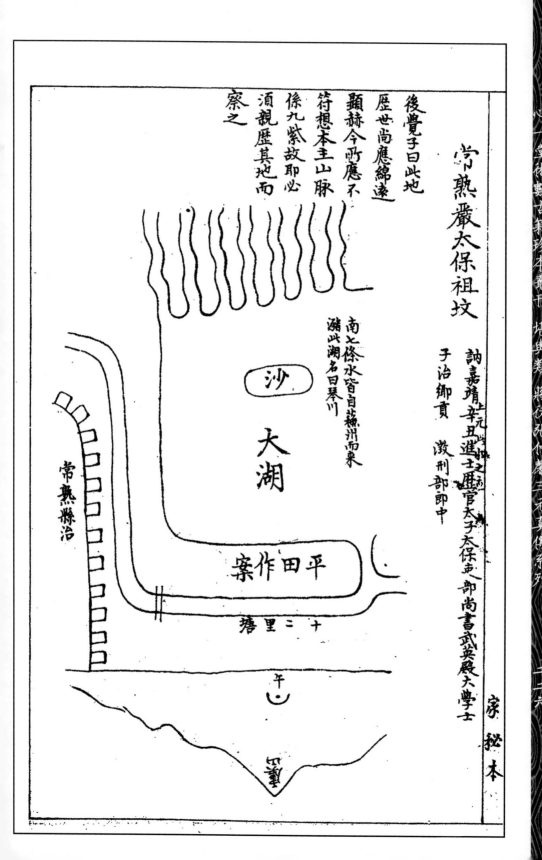

常熟嚴太保祖坟

訥嘉靖辛丑進士歷官太子太保吏部尚書武英殿大學士

子治鄉貢　激刑部郎中

後覺子曰此地

歷世尚應綿遠

顯赫今畇應不

符想本主山脉

係九紫故即必

酒親歷其地而

察之

南之條水皆自此橫洄而東
瀕此湖名曰琴川

沙 大 湖

平 田 作 案

十 二 里 塘

常 熟 縣 治

平 山

平湖施相公祖墓

藜照堂傳

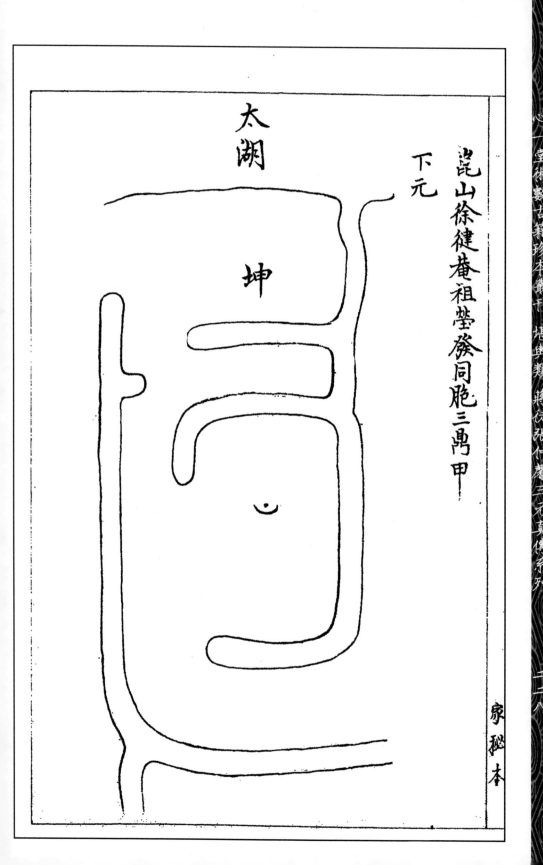

太湖

坤

昆山徐健菴祖塋發同胞三鼎甲

下元

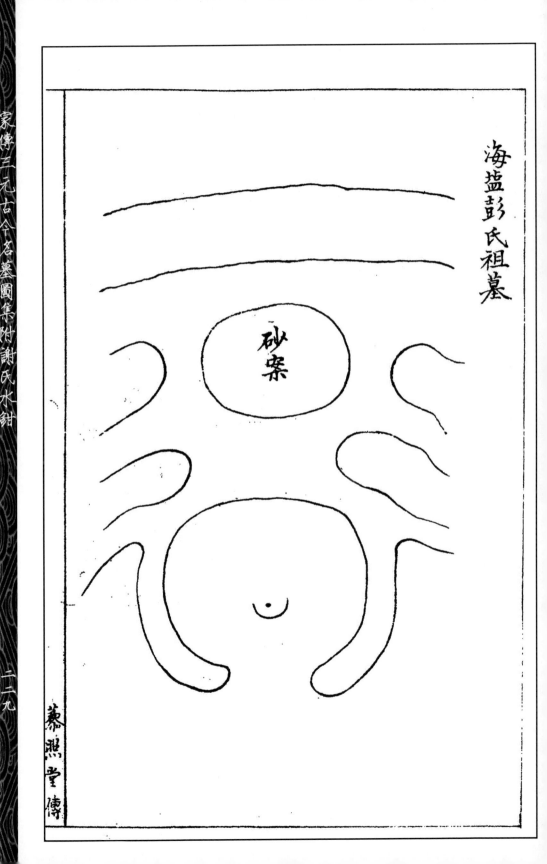

海塩彭氏祖墓

砂案

苕溪闕氏祖墓三百年科甲鼎盛官久而尊後覺子曰此必另有吉地接
續故福澤如此綿遠耳若謂此地力量宜爾則謬矣

癈龍出秀震卯也

震位得坎水來如和
富貴綿遠如宮
也元聖斷令
可至玉儔

家秘本

此為穴發

此發穴

俱敗

水皆從此出得巽妙

松江王氏祖墓農山

坤局乾得震震得離木生火火生土也究嫌木尅

瑕瑜互見矣

毒

松江馮莫二家墓　君局得一坎水生氣可愛

馮發兩御史忠孝兩全

莫發兩布政

午

午向

莫坟

午向

莫坟

馮坟

德

二三二

家秘本

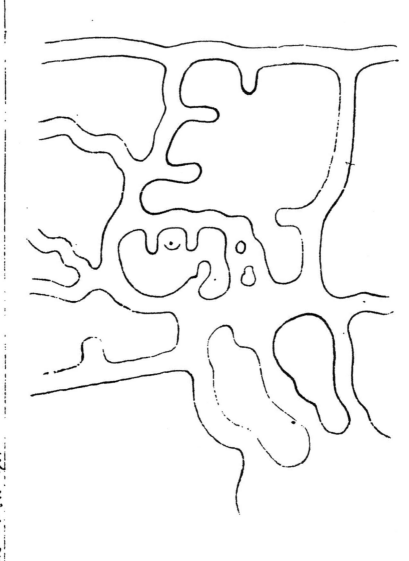

烏程溫相公祖墓

藜照堂藏

金太傅祖地

家秘本

德清蔡相公祖地

丙水來朝

丙

小蕩

蔡照堂傳

崑山季都憲祖墓發科甲六人 清復發可汛官副使

家秘本

武進林菴東楊狀元靜山祖墳世翰林

午向六十六步

敗

三爻

世五步

無此一漏乃妙 無一卦乃不吉羡垂直
滿卦一漏整空坐眼知立之滋
諸卦一宗福決者可携

藝照堂傳

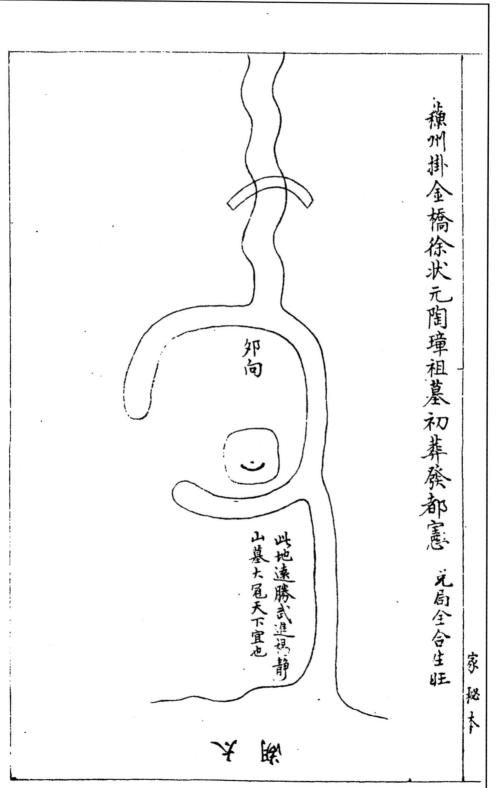

穉州掛金橋徐狀元陶璋祖墓初葬發都憲兇后全合生旺

邓向

此地遠勝武進規靜
山墓大冦天下宜也

金壇于都憲祖塋

湛正德辛未進士歷官都察院右副都御史

上元

存素萬曆庚辰進士官太僕寺丞

中元

景素萬曆庚辰進士官儀制司郎中

廷燮庚午科

振方萬曆丙戌進士官陝西左泰政

中九

玉立萬曆癸未進士官福建司郎中

此係三元之地而中元尤盛

中元之
蓮花漾
盛在此

午向

孫景堂云湖內三砂壽峯聳拔枝神瑚衡羽儀簇

名壤也吾等地何可多得景堂似有未滿之意何
哉

蔡燃堂藏

無錫安氏祖塋

如山嘉靖己丑進士官戶部員外即

布范萬歷丙戌進士行人司禮吏

二部主事

又不由科甲而居官者四人

孫景堂云三面巨湖秀砂叠〻

坐下交媾之處平舖如掌雖四

圍水抱而不嫌中宮之局而三

元俱可發也

此係巨浸聚砂局究屬中元之地

無錫王氏祖坟

上元

公圭嘉靖癸未進士歷官都御史

上元

問圭嘉靖戊戌進士歷官按察司僉事

中元

鑑嘉靖乙丑歷官太僕寺鄉

孫景堂云辛水汪洋形局端

平而左右侍衛包裹重三名

曰雙龍轉翅之格至水神秀

麗星體清純尤為卓異顯發

何疑

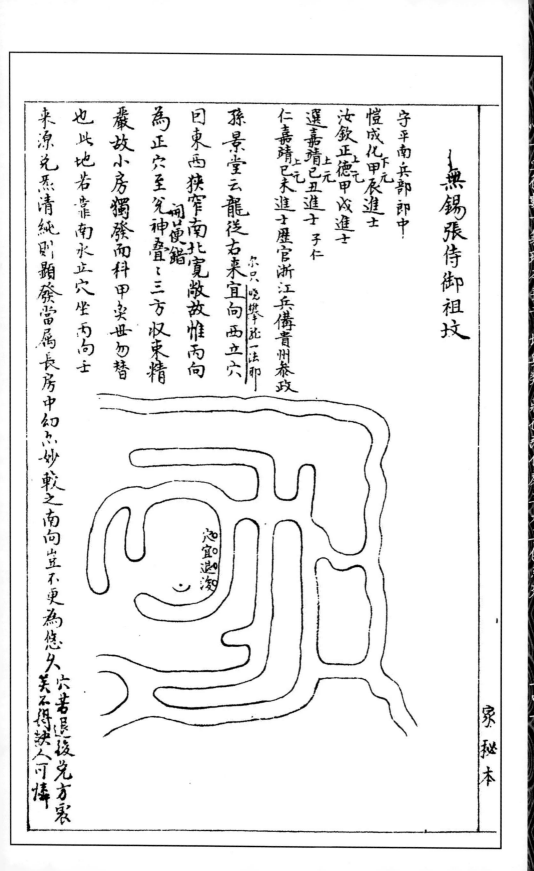

無錫張侍御祖坟

字平南兵部郎中

愷成化甲辰進士
下元

汝欽正德甲戌進士
上元

選嘉靖己丑進士 子仁
上元

仁嘉靖己未進士歷官浙江兵備貴州泰政
上元

孫景堂云龍從右來宜向西立穴 尔只晓擧此一法耶

曰東西狹窄南北寬敞故惟丙向

為正穴至兑神叠乙三方收束精 硐黄蚶

嚴故小房獨發而科甲炎煥毋勿替

也此地若靠南水立穴坐丙向士

來源兑炁清純則顯發當屬長房中幼尒妙較之南向豈不更為悠久穴若退後兑方裏後兑方裏不得訣人可懼

二四二

心一堂術數古籍珍本叢刊 堪輿類 蔣徒張仲馨三元真傳系列

嘉禾陸尚書祖坟

孫景堂云石笋後峙此
是山龍盡結之地即無旺
水界繞穴屬佳壞況午水
悠長艮水深秀山水會合
陽氣冲和宜其顯赫之無
窮也至子午坐向而坤艮
俱有旺水朝拱豈非三元
不敗之地乎

午

伍子胥廟

五塘春
水深而
秀

爇照堂傳

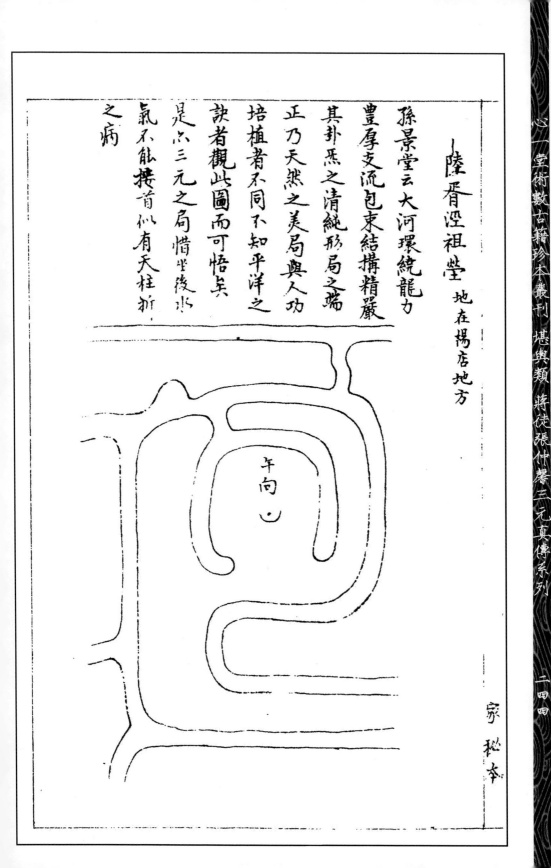

陸脅涇祖塋 地在楊店地方

孫景堂云大河環繞龍力
豐厚支流包束結構精嚴
其卦氣之清純形局之端
正乃天然之美局與人功
培植者不同不知平洋之
訣者觀此圖而可悟矣
是此三元之局惜坐後水
氣不能撮首似有天柱折
之病

午向

家秘本

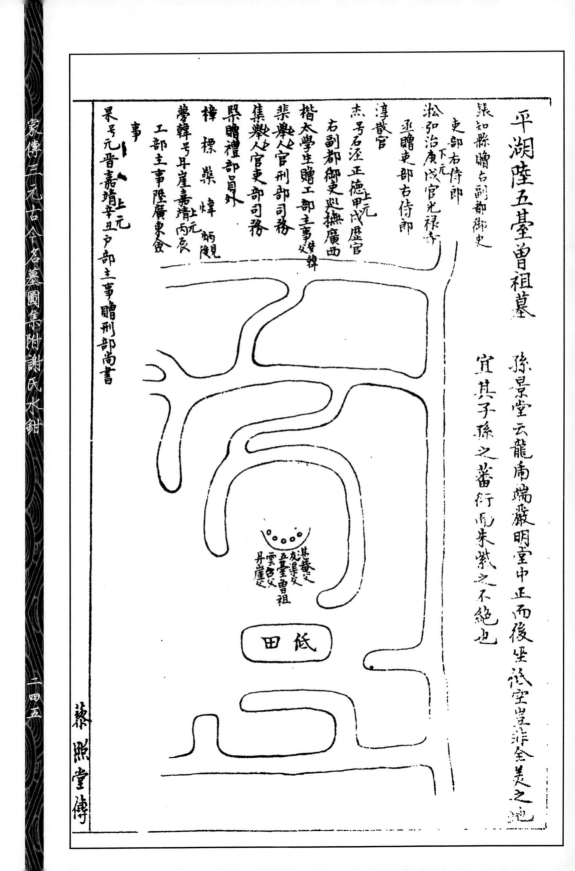

平湖陸五臺曾祖墓

孫景堂云龍角端嚴明臺中正而後坐泄空堂非全美之地

宜其子孫之蕃衍而未艾之不絕也

張知縣贈右副都御史

吏部右侍郎
　　　下元
淞弘治庚戌官光祿寺
丞贈吏部右侍郎

淳散官

杰号石泾正德甲戌歷官
右副都御史巡撫廣西

楷太學生贈工部主事娶韓

棐舉人官刑部司務

集舉人官吏部司務

棐贈禮部員外

樟　標　燦　燁　炳　燜

夢韓号丹崖嘉靖丙辰

工部主事陸廣東令
　　事

杲号元晉嘉靖辛丑戶部主事贈刑部尚書
　　　上元

田低

湛養父
友震父　五臺曾祖
雲谷父
丹崖遂

陸五臺祖墓

此雖中黃之局只屬三元之地

陸丹崖墓

此地葬後發一尚書

一提舉　一舉人

二員外　一通判

一進士

孫景堂云此等龍格與
天市垣星宿相似既坐
向之得宜復龍神之叠
峙所以清貴叝名顯赫
於奕世也
若得水氣蔭腦豈不更妙

午向

藜照堂傳

陸東湖祖塋　是穴三元之地

軾贈驃騎將軍後軍都督府都督僉事

墇贈都督僉事

松嘗錦衣衛事都督僉事贈榮祿大夫都督府同知

煒号艾蔚加靖進士官中書舍人至太僕寺少卿

炳号東湖錦衣衛都指揮使太保左都督

孫景堂云　左名大湖従中間抽出嫩枝

清秀異常　而前後環抱堂局端平其為

大地無疑

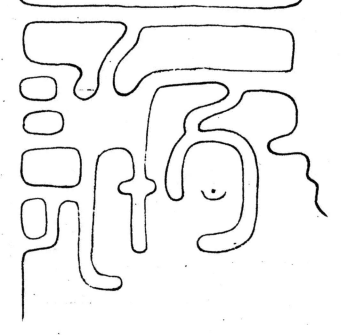

家秘本

項襄毅祖坟及壽域 此地而力至三元不替非癩龍蓄秀之故耶

景亮贈資德大夫都察院左都御史
衡 贈同
中元
忠正統壬戌歷官兵部尚書諡

襄毅

綱舉人官知縣

經成化丁未布政司右泰政
下元

綬錦衣衛正千戶

銓序班贈即中

鏞都指揮使

錫嘉靖癸未光祿寺卿
上元

鈳嘉靖壬戌刑部主事

治元嘉靖丙辰禮部員外

萬壽嘉靖庚辰禮部員外
中元

德禎萬曆丙戌兵備僉議

承芳萬曆癸未漕運理刑
中元

昌門鉉萬曆辛丑進士

湖

襄毅坟

午向

藜照堂傳

嘉興屠尚書祖坟

曾祖澤民　祖湘　父機俱贈刑部尚書

楨贈推官

勳成化巳丑歷官刑部尚書

熙教人

奎弘治巳未官布政司參議　下元

堯弘治壬戌　下元

應塤正德辛未　上元

應坤嘉靖庚辰　下元

應浚嘉靖丙戌官侍讀　上元

孟玄贈兵部員外　上元

仲律嘉靖庚戌官監察御史　中元

叔方萬曆丁丑廣東侍御代巡甘

肅復巡撫天陞山東副使

謙隆慶戊辰山東提學副使

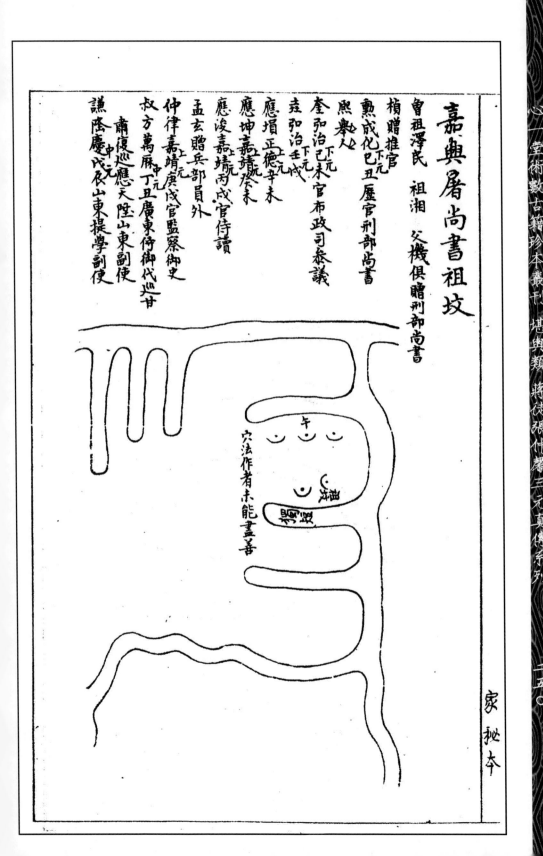

午

穴法作者未能畫善

江陰薛方山祖塋

應旂号方山嘉靖乙未會魁歷官吏部郎中提督浙江學政

數魁萬麻己丑
又損萬麻乙未
數正萬麻丁未

孫景堂云橫龍屈曲而來中
立午向必毓端方正直之人
故方山先生以理學起家而
後嗣復能丕振家教至低田
之外又有高峯而後又受低
空旺氣宜其科第之奕世勿
替也但左右屋宇高壓長
幼兩房不能崢嶸耳

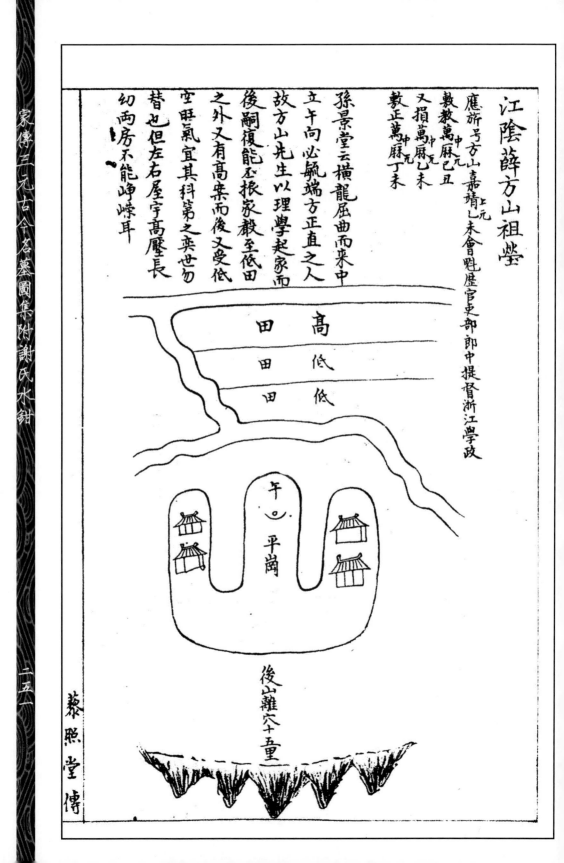

田　高　低
田　田　低
午　平崗
後山離穴十五重

武進周給事祖坟

廣成化戊戌 下元
塌弘治已未 上元
山嘉靖戊戌 上元
鏊嘉靖辛丑

孫景堂云四圍皆水
尒作中宮論但前朝
大蕩後東狹小非中
局之可比況左右前
後異砂聳拔形體團
聚翔護重々此聚砂
之最秀者誠三元
佳壤也

白　芽　蕩

沙

午

丹陽賀廩憲祖墳

邦泰嘉靖己未進士歷官江西按察司

納賢萬麻庚子　中元

懋功萬麻癸卯　中元

卿萬麻庚戌

懋敬鄉貢

三面有池原屬品字形局近聞

東浦余氏祖坟此合此格故蹟

顯貴此等龍穴在幕講師辨之

最詳惜世人未讀其書也　景堂

地在丹陽縣南八十里土名馬墓

丑未兼癸丁山向此地原屬三元不敗之局

何其謬也

兼向錯立福澤大減

平田萬頃

砂帶玉

池

池　○　池

海寧查都憲祖坟

歷官山東泰政

志立嘉靖上元　進士歷官山東

泰議

志宏戊午舉人　上元

志文丁卯舉人官同知　中元

兌兌萬麻丙戌官廣西副使　中元

始祖一穴龍神不聚以其上前太遠故不
能收氣也西北一穴坐向得宜始為正局
以其午水清純前後包圍故簪纓奕世勿替　孫景堂

約弘治壬戌進士歷官都察院右副御史　下元

東婁嘉靖戊戌進士歷官順天府尹　上元

志隆嘉靖己未進士　上元

此地後托有力量固大但嫌左右漏泄其氣世
顯赫應不盡從此地中來

牛向　始祖

午向

牛向　官家坟

漏

湖州溫探花祖坟

應祿嘉靖癸丑進士翰林院編修　上元

應聘四川鹽課司提舉　中元

體仁萬厤戊戌進士翰林院編修　下元

此雖三元之地而下元應尤妙

坤

漾

巽

青此二水而次宫瓜宗

藜照堂傳

南潯董尚書祖坟

祖屏贈通議大夫　　父環贈吏部左侍郎

潯陽嘉靖辛丑歷官禮部尚書熏翰林學士
　上元

道醇萬厤癸未官工科給事中
　中元

嗣成萬厤庚辰禮部郎中
　中元

嗣昭萬厤甲午鄉魁乙未進士

家秘本

馮會元祖塋 地在嘉興府西門驛後

夢禎禹麻丁丑會元翰林院

中元

編修大諭德掌院印左庶子

國子監祭酒

丙午

蔡照堂傳

此地發一知府一布政

張春宇祖墓　此地在平湖縣南地名湯裏枲外是山山外是海

中元

巽向

家秘本

秀水卞鑑泉祖墳

大同号鑑泉嘉靖戊戌歷官福建副使

大有嘉靖上元丁未歷官江西提學副使

大順加靖癸丑官吏部文選司郎中

我意此地必不

僅發上元

池

孫景堂云南水太大
得此蔭池局更清真賠話

嘉善盛兵憲祖坟

唐 号文湖嘉靖戊戌東昌府知府

世徵萬厤丙子官知縣
上元

中元
治徵萬厤丙子官知州

中元丙子官
懸時由太學官中書

穴應退後

平湖馬暎臺祖坟

千秉号暎臺隆慶戌辰官廣東副使

中元

千里支林郎

中元

維銘萬麻庚辰官兵部主事

中元

曾山海閣

中元

應圖萬麻丁丑官禮部郎中

蕴照堂傳

嚴嵩書祖地

清嘉靖甲辰歷官刑部尚書

上元

子宜官左府都事

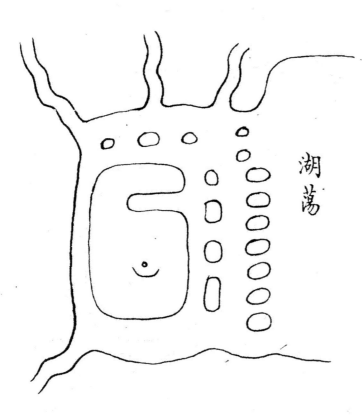

湖蕩

南昌劉氏祖塋地在彭祖園　蔣大鴻先生扦

沙

沙

沙

沙

沙

沙　池　高

震

坎

此地發兄弟兩尚書三進士　蔣大鴻先生扦

昆陵楊氏祖地相傳幕講師扦

葬後午科戌科連發乾隆壬戌出榜眼

一帶高田作案

微高

案墩　台墩　三墩

微高

一字案高三尺

尚坎

水大

慕照堂傳

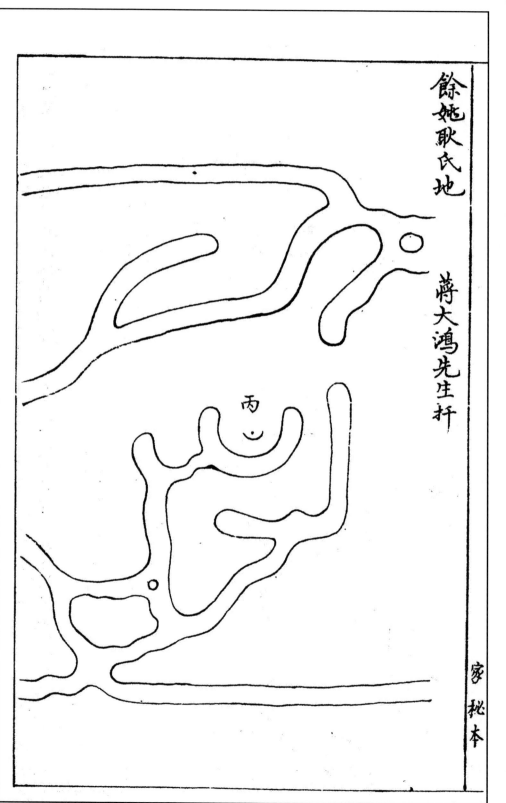

餘姚耿氏地

蔣大鴻先生扦

丙

蔣大鴻先生扦

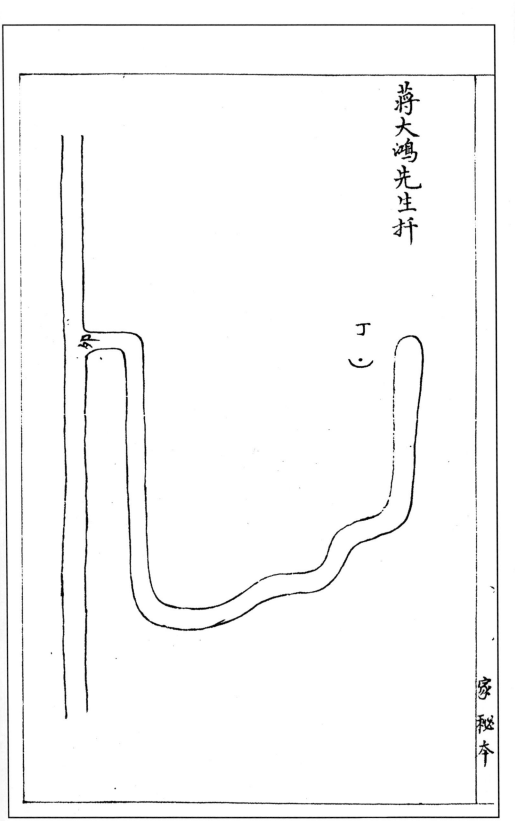

蔣大鴻先生扦

丁

卯

家秘本

呂通政祖坟

希周嘉靖丙戌官右通政

後以平倭功陞通政司

午

豈不更妙

藜照堂傳

呂夢雲祖坟

夢雲楊州府泰興縣知縣

孝漢淮王府儀賓

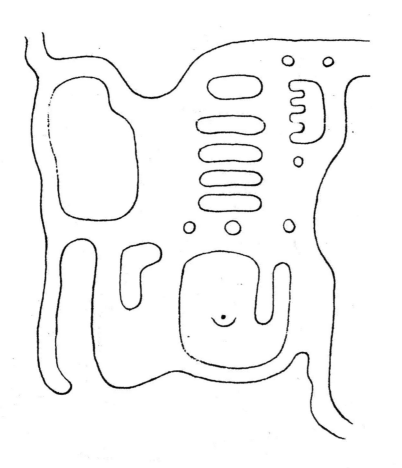

袁了凡祖地

藜照堂傳

吳孝子祖地

午

家秘本

黃葵陽祖地

出進士六人

申來　庚來　辛來

向庚

卯

家秘本

丙

家傳三元古今名墓圖集附謝氏水鉗

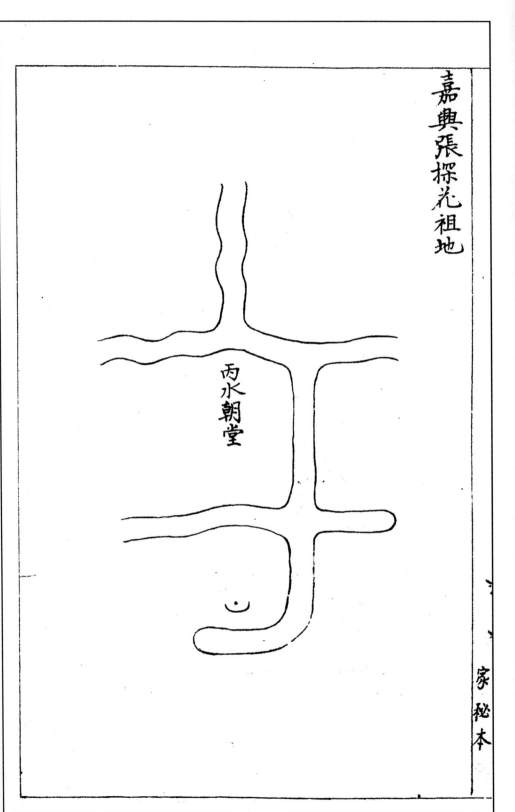

嘉興張探花祖地

丙水朝堂

家秘本

平湖沈晴峯祖地

肖山名弘光翰林院修撰

晴峯名㮣孝隆慶戊辰主應天試國子司業

坤元

漏

何不填之

蔡照堂傳

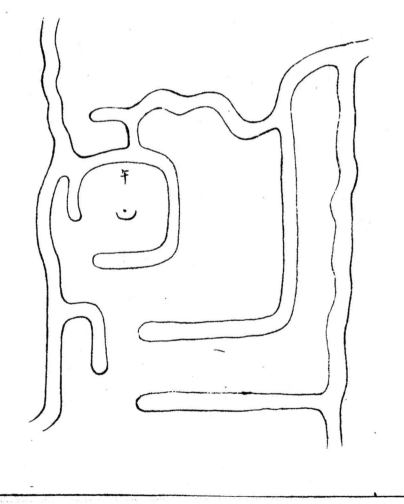

海鹽劉熙臺祖

大宗發一舉人
二房發六進士

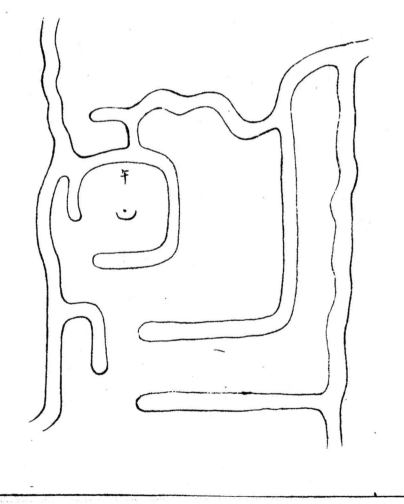

午

家秘本

嘉定侯氏祖地

中元發三甲

此地若依楊公秘

旨裁制以葵中元

必異常顯赫豈僅

小小發三甲而巳哉

惜作者是非大匠

不能以人力補天巧

是以未盡地靈力

量耳後覺子筆

巽

乾

蔡照堂傳

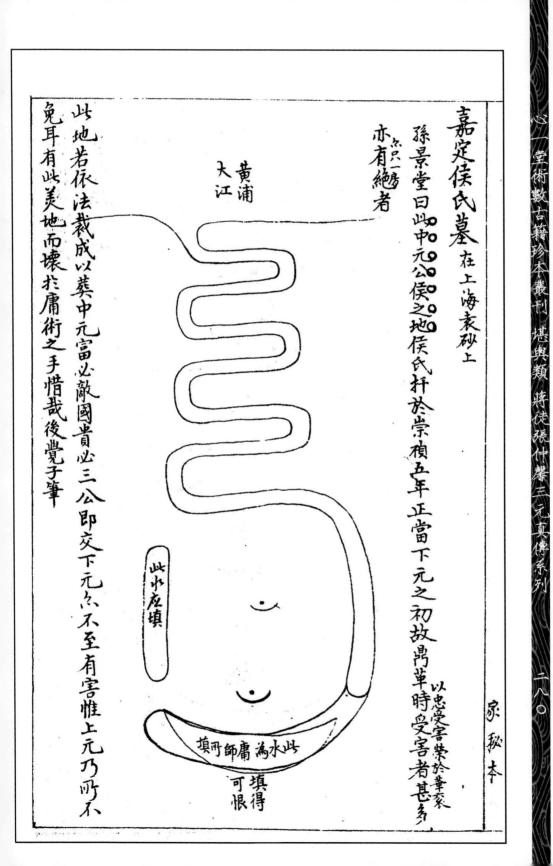

嘉定侯氏墓 在上海袁砂上

孫景堂曰此中元公侯之地侯氏扦於崇禎五年正當下元之初故鼎革時受害者甚多

亦有絕者 只此一繡者

以忠受害榮於筆家

黃浦
大江

此水應填

此為水
填可庸師
可恨 填得

此地若依法裁成以葬中元富必敵國貴必三公即交下元只不至有害惟上元乃所不

此地依法裁成以葬中元富必敵國貴必三公即交下元亦不至有害惟上元乃所不免耳有此美地而壞於庸術之手惜哉後覺子筆

家秘本

江陰夏給事祖塋

後壽弘治癸丑官兵科給事中 此地應發上元而反應下元我不能解

下元

太寬曠且有
有幹無枝之病

丙午向

德靖沈元澤祖坟

小房科甲最盛

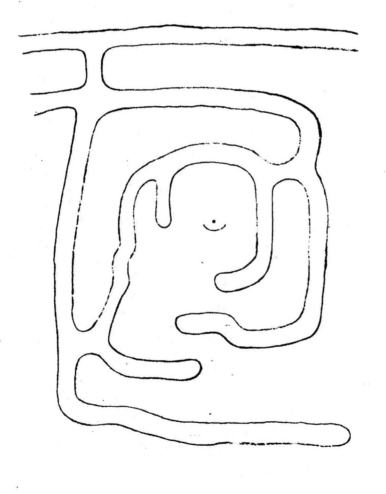

秀水景氏地　蔣大鴻先生扦

黎照堂傳

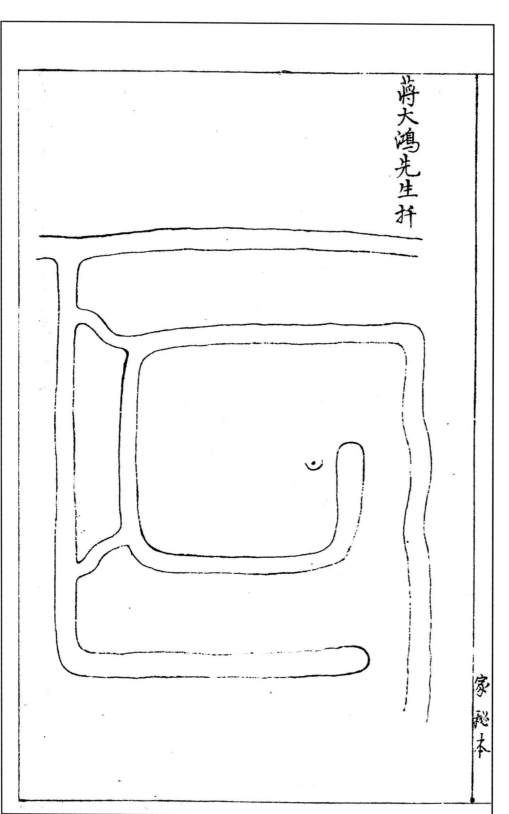

蔣大鴻先生扦

家祕本

陶石城祖墓

鍾太守
祖地

午

蔡照堂傳

嘉興岳氏祖地　同胞三人俱貴

家秘本

雲間王氏新塋葬即發

蔡照堂傳

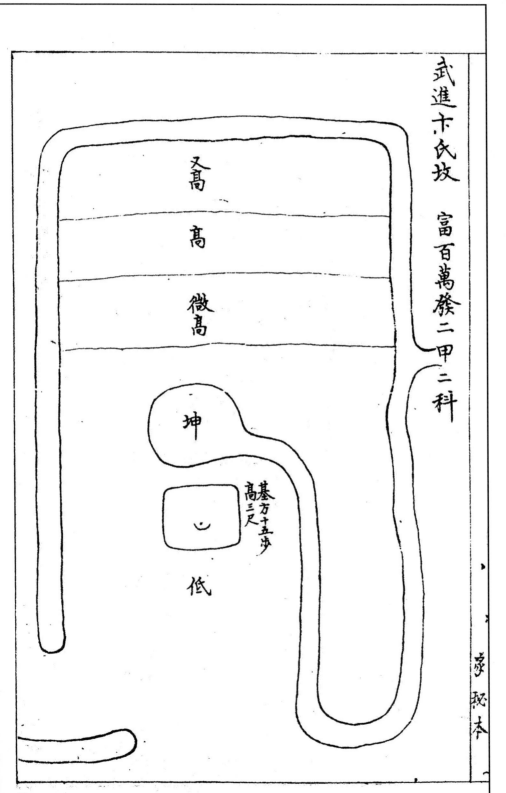

武進卞氏坟　富百萬發二甲二科

又高
高
微高
坤
基方十五步高三尺
低

豪秘本

吳江丁氏墓

發富百萬而不貴

午

蕩

嘉興徐司馬祖塋　姜汝皋扞

丙

黎照堂傳

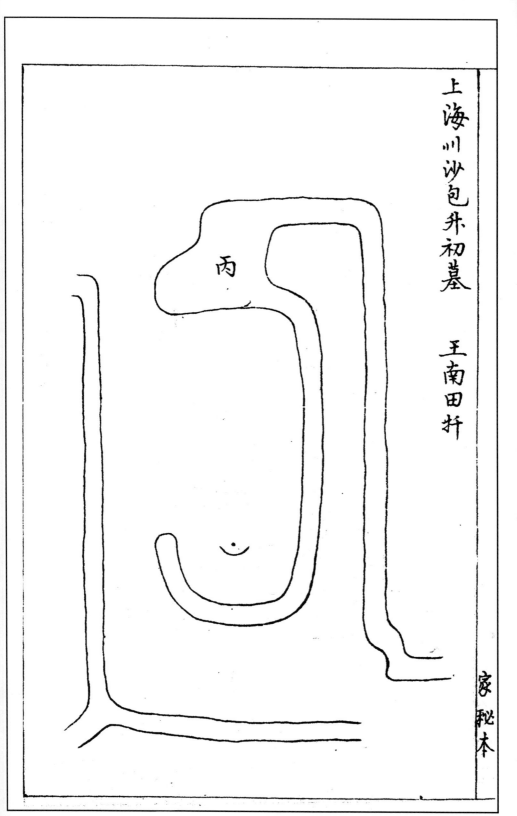

上海川沙包升初墓　王南田扦

丙

家秘本

山陰朱衛岳公祖地

藜照堂傳

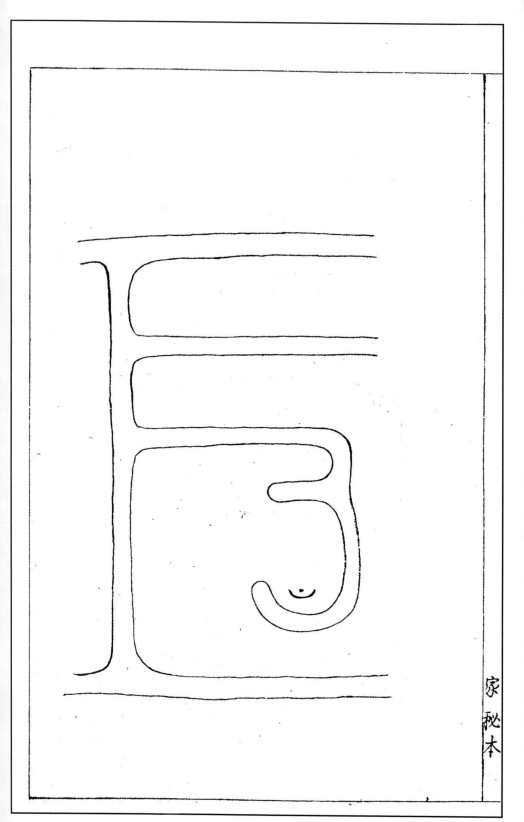

家秘本

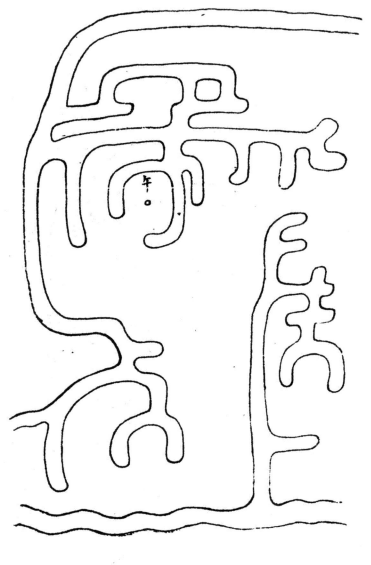

張夫人塋葬後驟發富貴

午。

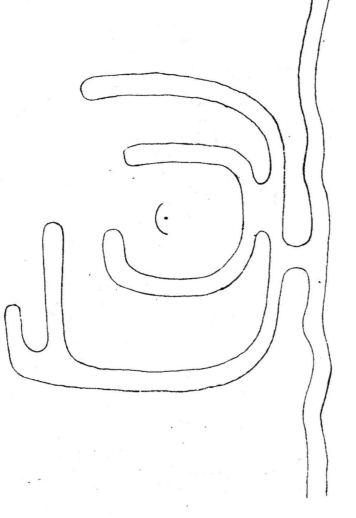

海寧沈孟湖祖坟

家秘本

慈水呂氏墓　蔣大鴻先生扦

葬後發兩進士

至今書香不替

卯

茜涇朱子與父墓　王南田扦

丁

丙　午

家秘本

家傳三元古今名墓圖集附謝氏水鉗

二九九

蔡照堂傳

錢牧齋祖墓發科甲二十餘人

辛

大蕩

砂

卞

藜照堂傳

大茅金氏

洋公張

高案

低微

丙

午

朱文恪相公祖地

右少婿
中穴外父
左長婿

蔡照堂傳

雲間包進士祖塋

家秘本

江陰青暘鎮孔將軍祖墓

東斗山遠望見

此池離
作三道
大旺

長二百步

闊廿六步

午

廿五步

二夫

將大

黎照堂傳

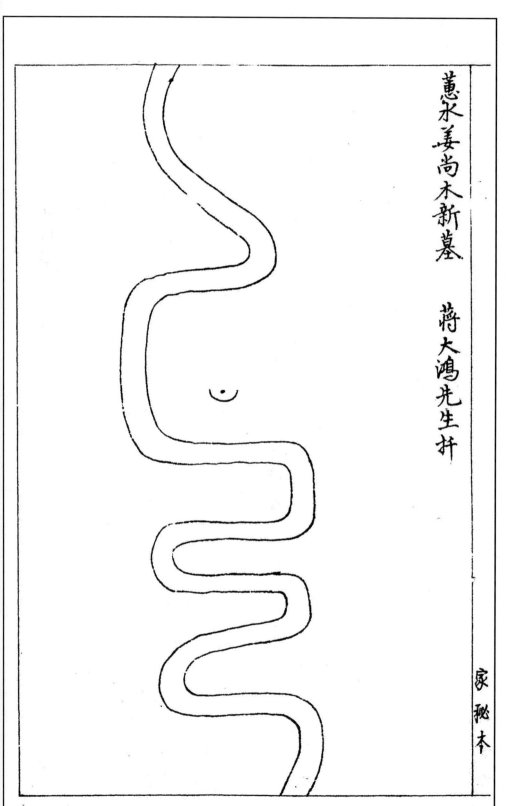

蕙水姜尚木新墓　蔣大鴻先生扦

家秘本

孫尚書祖坟　地在平湖縣南二十里馬京廟東南

孫景堂云發源生旺

力大神清此等龍格

点合星宿故為大貴

之地此傅會之說也

丙午

無情

反無情

不是穴

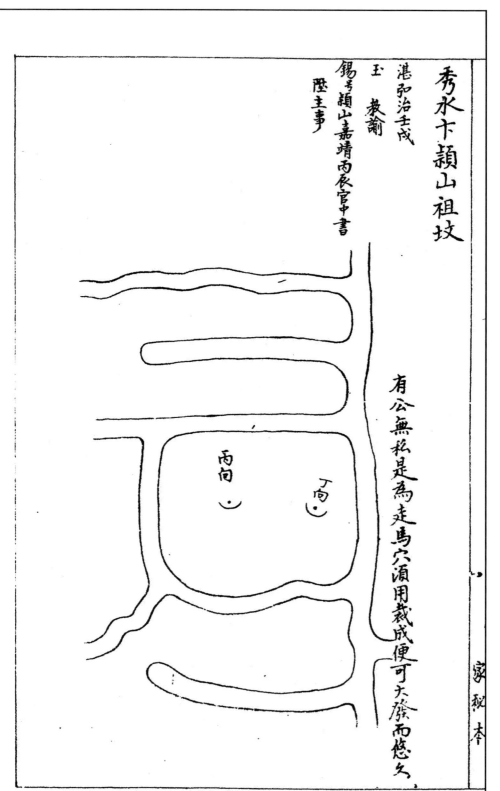

秀水卜穎山祖坟

湛弥治壬戌

玉　教諭

錫号穎山嘉靖丙辰官中書

陞主事

丙向

丁向

有公無私是為走馬穴湏用裁成便可大發而悠久

長溪沈氏祖地

發四世科甲

此是痴龍生枝之格

藜照堂傳

山陰白魚潭張氏祖地

家秘本

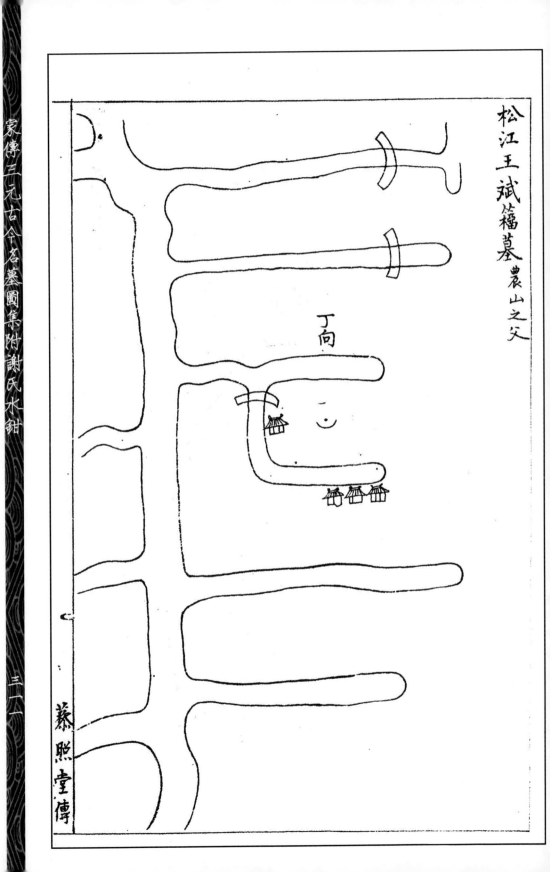

松江王斌篠墓農山之父

丁向

慕照堂傳

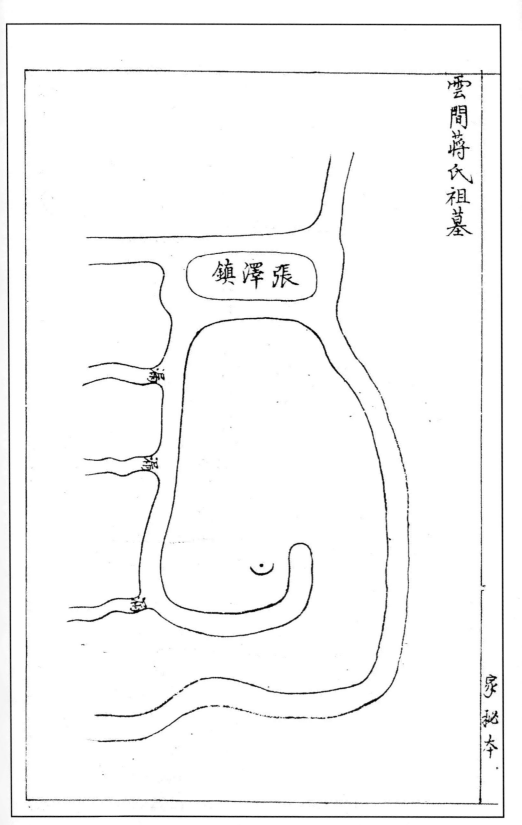

鎮澤張

松江林氏祖墓

景暘萬麻大僕卿

丁向

癸

黎照堂傳

林景暘墓

景暘子遇仲又為太
僕卿

丙向

嘉定張瀛峯祖坟

孫景堂曰坐乾向巳即為巽
局巽係中元之地故至下元
而遂敗況穴後屋宇遮塞左
右坟塋掩蔽加之徐龍榘所
扦新穴又屬巽向其斬焉敗
絕宜也

（其絕在此）（是雪上加霜）

萬安寺

橋

封家浜

已向

西至封家浜二里

尾閭不通魚是死矣

南翔大鎮

有此三元
不敗之大
地而壞於
此坟徐龍渠所扞辛巳年葬　識者諒之
庸術之手
癸未年絕孫景堂云老坟向
巽此穴又向巽故三歲竟孤
逐卒信乎元運之不可忽也
後覺子曰此地有星有垣可
称盡善盡美之大地若乘旺
運以葬其鈴斯之葬蕃盛富貴
之顯赫富冠絕群倫正非尋
常可擬何徐龍渠之不學輒
衒而竟葬於尖元之候乎歸厚
錄註云其得尖元之大地不
以得秉時之小地人壽錢何待

惜哉

張瀛峯新坟

此地若火加人力裁成下元尤可以葬亦可以葬徐龍渠學未到此其改惡名
宜也然其他也實絕於舊坟假全不扞此坟寧遂不絕乎哉此不過又加一鞭耳

其去衰入旺身與家全敗矣此先哲傳心之要訣後學其審記之

巽
乾
坟
坎
止神
葬燕

下元左紫坎小立穴兩重坎小直於穴後可救面葬
收水以貼身最近者為主所謂
到頭八尺是也

海寧陳氏地　傳說蔣公扦

海寧陳氏祖地三百年科甲最盛

幕講師扦

低

慕照堂傳

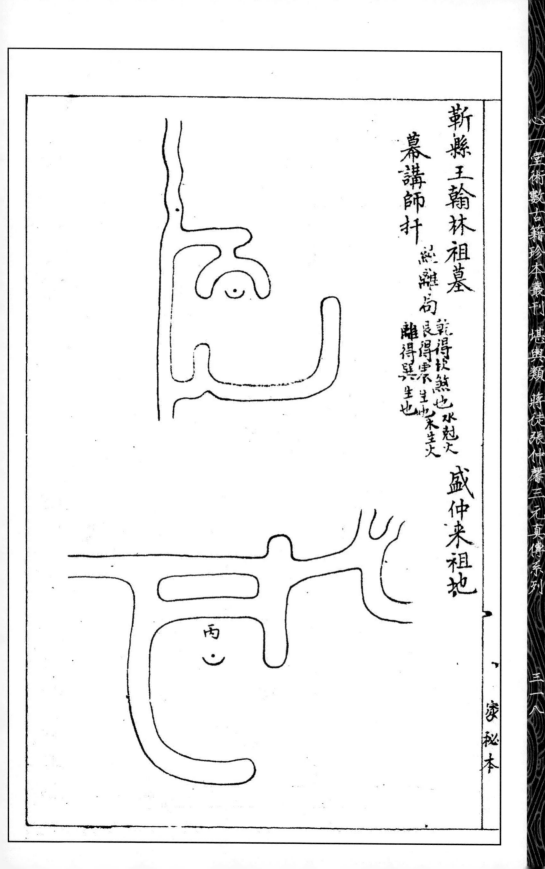

蘄縣王翰林祖墓

幕講師扦

離局

乾得坎煞也水剋火

艮得巽生也木生火

離得巽生也

盛仲来祖地

丙

家秘本

平湖施氏

丙

丙

葆熙堂傳

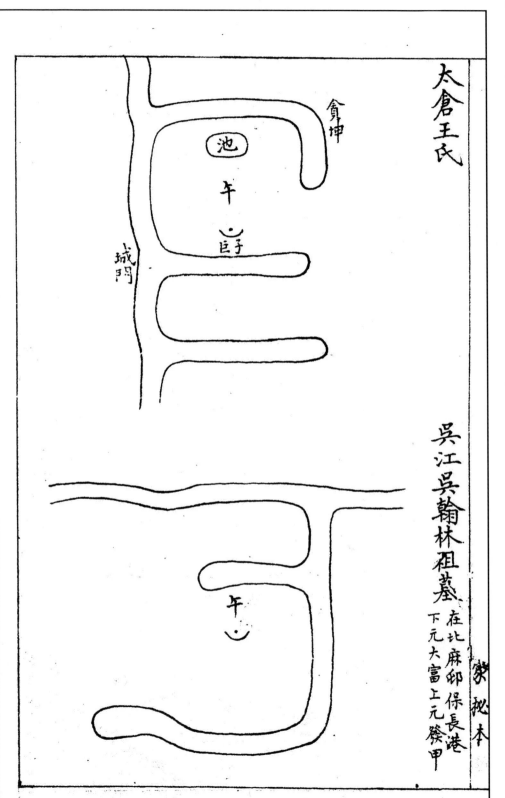

太倉王氏

貪坤

池

午

城巽

巨子

吳江吳翰林祖墓 在北麻邱保長港
下元大富上元發甲

午

家秘本

崇德王後溪祖地

中元

丙

崇德余龍津祖塋

田嘉靖甲戌

漏洩過多且必私小焉
主浮裁成乃妙

覚貪

午向

止武

武曲

城門

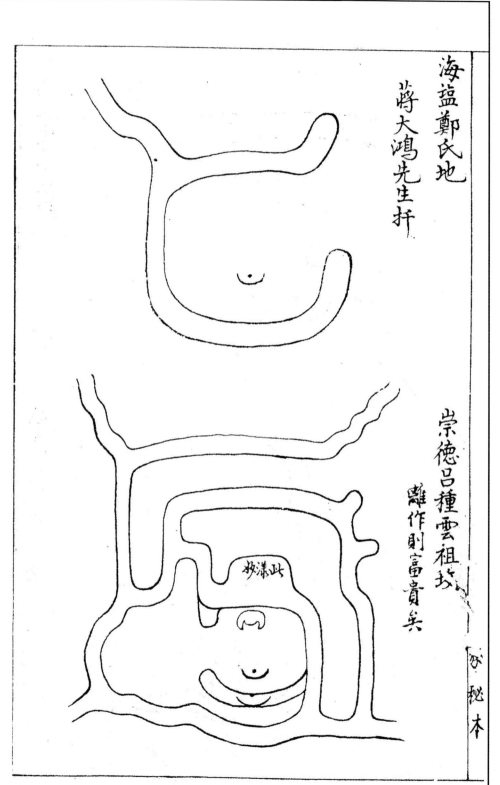

海鹽鄭氏地

蔣大鴻先生扦

崇德呂種雲祖地

離作則富貴矣

此漾妝

秘本

江陰曹氏

午

延平郭氏

丁

乙

黎照堂傳

蕩

歸安錢氏地三世科甲
一官兵曹一官巡撫一官銓部

南昌汪氏

平湖竹渡袁氏

屠念慈祖墓

藜照堂傳

丙 丙

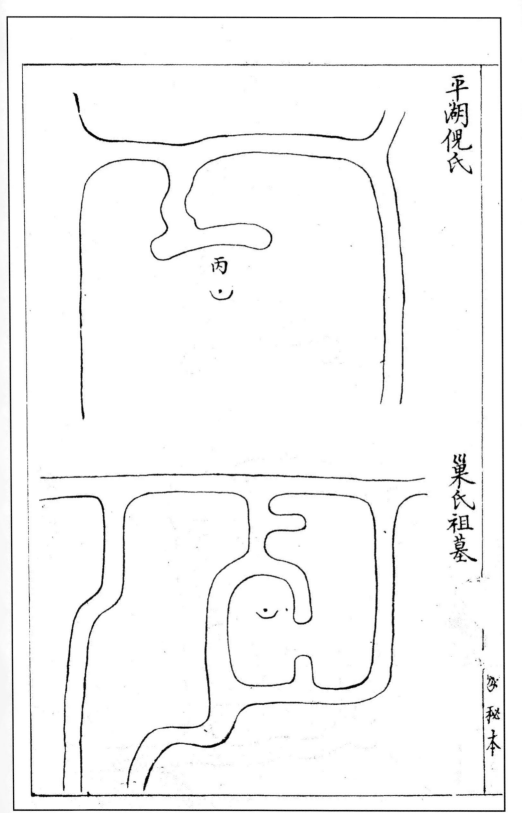

平湖倪氏

巢氏祖墓

丙

秘本

漕河涇張氏發祥之地

三百年來科甲不替

交炁格

巳

丙至前水
辛步

艮　　附用弓水十數

辛

王起生地

丙

熙堂傳

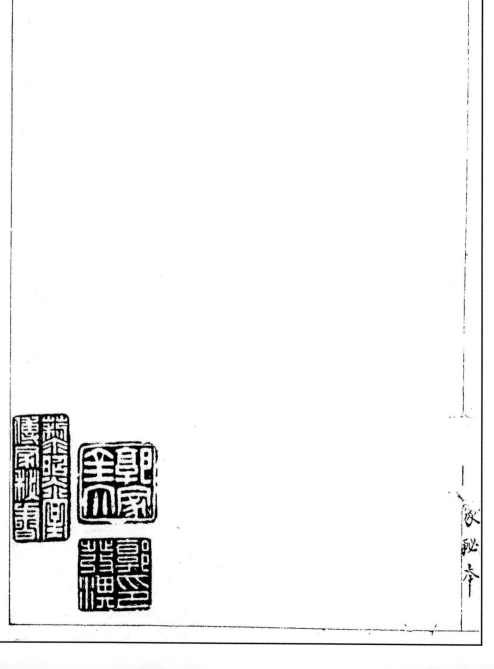

編號	書名	作者	說明
32	命學探驪集	【民國】張巢雲	
33	澹園命談	【民國】高澹園	
34	算命一讀通——鴻福齊天	【民國】不空居士、覺先居士合纂	
35	子平玄理	【民國】施惕君	稀見民初子平命理著作
36	星命風水秘傳百日通	心一堂編	發前人所未發
37	命理大四字金前定	題【晉】鬼谷子王詡	
38	命理斷語義理源深	心一堂編	源自元代算命術及活套
相術類			
39-40	文武星案	【明】陸位	失傳四百年《張果星宗》姊妹篇 千多星盤命例 研究命學必備
41	新相人學講義	【民國】楊叔和	失傳民初白話文相術書
42	手相學淺說	【民國】黃龍	民初中西結合手相學經典
43	大清相法	心一堂編	
44	相法易知	心一堂編	重現失傳經典相書
45	相法秘傳百日通	心一堂編	
堪輿類			
46	靈城精義箋	【清】沈竹礽	
47	地理辨正抉要	【清】沈竹礽	
48	《玄空古義四種通釋》《地理疑義答問》合刊	【民國】沈瓞民	玄空風水必讀
49	《沈氏玄空吹虀室雜存》《玄空捷訣》合刊	【民國】申聽禪	沈氏玄空遺珍
50	漢鏡齋堪輿小識	【民國】查國珍、沈瓞民	
51	堪輿一覽	【清】孫竹田	失傳已久的無常派玄空經典
52	章仲山挨星秘訣(修定版)	【清】章仲山	門內秘本首次公開 章仲山無常派玄空珍秘
53	臨穴指南	【清】章仲山	沈竹礽等大師尋覓一生未得之珍本!
54	章仲山宅案附無常派玄空秘要	心一堂編	末得之珍本!
55	地理辨正補	【清】朱小鶴	玄空六派蘇州派代表作
56	陽宅覺元氏新書	【清】元祝垚	簡易·有效·神驗之玄空陽宅法
57	地學鐵骨秘 附 吳師青藏命理大易數	【民國】吳師青	釋玄空廣東派地學之秘 空陽宅法
58-61	四秘全書十二種(清刻原本)	【清】尹一勺	玄空湘楚派經典本來面目 有別於錯誤極多的坊本